L'ARPENTEUR FORESTIER.

L'ARPENTEUR FORESTIER,

OU

MÉTHODE NOUVELLE

De mesurer, calculer & construire toutes sortes de figures, suivant les principes Géométriques & Trigonométriques, avec un Traité d'Arpentage appliqué à la réformation des Forêts, très-utile tant aux Arpenteurs & Géographes, qu'aux Marchands & Propriétaires des Bois.

PAR M. GUIOT, Garde-Marteau de la Maîtrise des Eaux & Forêts de Rambouillet, & Géographe de S. A. S. MONSEIGNEUR LE DUC DE PENTHIEVRE, Amiral de France.

A PARIS,

Chez { SAILLANT & NYON, Libraires, rue Saint Jean de Beauvais.
DESAINT, Libraire, rue du Foin. }

M. DCC. LXX.

Avec Approbation & Privilege du Roi.

AVIS

AU LECTEUR.

On a cru devoir observer dans les détails de cet Ouvrage un ordre de N°. en sorte que chaque définition, discussion, ou position d'un principe est sous son N°. particulier : on a eu en cela pour objet de mettre le Lecteur en état de rapprocher chaque matière des définitions qui y sont relatives, & qui sont établies avant cette même matière : ainsi lorsque dans un article de la première Partie on trouvera un nombre entre deux parenthèses, par exemple (12.) *il faudra recourir à l'article* 12. *de la première Partie : on en usera de même en lisant la seconde, avec cette observation cependant que lorsqu'on y trouvera des citations de la première Partie, elles seront exprimées comme dans cet exemple,* (I. Part. 45.) *où l'on suppose que la citation porte sur le nombre* 45.

EXPLICATION
DES SIGNES EMPLOYÉS
DANS LE COURS DE CE TRAITÉ.

$+$ Veut dire plus.

$-$ Signifie moins.

$=$ Signifie égal.

$\times$ Est le ſignal de multiplication.

A

MONSEIGNEUR

DE BEAUMONT,

CONSEILLER D'ETAT,

INTENDANT DES FINANCES.

MONSEIGNEUR,

Les ſoins continuels de VOTRE GRANDEUR *pour maintenir & perfectionner autant qu'il eſt poſſible l'adminiſtration foreſtière que* SA MAJESTÉ *a ſi juſtement confiée à votre zéle & à vos lumières, juſtifient l'hommage que j'ose faire* A VOTRE GRANDEUR *d'un Traité d'Arpentage : cette matière tient sans doute un rang bien inférieur dans les objets de l'administration ; mais la connoissance exacte de ses vrais principes n'en est pas moins nécessaire : heureux si mon Ouvrage sert à le démontrer ! Tel a été le but unique de mon travail : un pareil motif ne peut que plaire* A VOTRE GRANDEUR, *& l'engager à recevoir avec bonté le témoignage public que j'ose vous présenter du profond respect avec lequel je suis,*

MONSEIGNEUR,

DE VOTRE GRANDEUR,

Le très-humble & très-obéissant serviteur,
GUIOT.

PRÉFACE.

IL feroit inutile d'augmenter le nombre des traités d'arpentage, fi les bons auteurs qui ont précédé, euffent pratiqué tout ce qu'ils ont voulu enfeigner. La partie Foreftière étoit étrangère plus que toute autre au genre d'étude qu'ils avoient embraffé, non feulement à caufe de l'exercice pénible que la pratique exige, mais encore parce que les bois n'étoient point de la valeur à laquelle ils font parvenus depuis. On comptoit alors pour rien une erreur de cinq arpens fur cent; l'ordonnance même des Eaux & Forêts ne féviffoit contre une plus grande que dans le cas de récidive; l'on ne peut cependant qu'applaudir à cette prudente difpofition de la Loi, lorfque l'on eft convaincu que les anciennes méthodes, Deffein de l'Auteur.

ou, pour mieux dire, les routines usitées jusqu'à présent, ne sont point capables de donner la précision qu'elle a prescrite.

Ces méthodes défectueuses consistoient principalement dans le jallonage des terreins montueux ; dans le choix & le maniement des instruments dont la boussole étoit le plus ordinaire ; dans la confusion des différentes erreurs dont il faut faire la correction avec discernement ; dans le défaut de preuves pour les angles de toutes sortes de figures irrégulières, dans une réduction grossière faite sur le papier avec le rapporteur, & enfin dans un calcul tel quel, d'après le compas & l'échelle, dont l'inexactitude surpassoit tous les autres défauts. On ne pouvoit les connoître que par une certaine expérience, & y remédier que par l'application de la théorie la plus exacte ; c'est ce que je me suis proposé dans le cours de ce petit Traité, qui est divisé en deux parties.

La première contient les définitions des termes les plus usités, la description des instruments nécessaires, & l'usage détaillé de chacun. Détails de la première Partie.

Dans l'usage des premiers instruments, tels que les jallons & la chaîne, je m'applique non seulement à donner les régles les plus certaines pour s'en servir, mais encore à prévenir les abus, & éclaircir toutes les difficultés que l'inégalité des terreins produit. J'ajoute quelques problêmes les plus simples de la géométrie, que l'on peut résoudre sans le secours des autres instruments.

Dans celui de l'équerre, je détaille tout ce qui m'a paru nécessaire pour bien arpenter les terres, prés, vignes, enfin toutes piéces d'une grandeur médiocre. Je finis par des exemples d'arpentage pour toutes sortes de figures irrégulières. Je me suis étendu d'autant plus volontiers, que cette partie est à portée d'un grand nombre d'arpenteurs des campagnes, qui ne ſeront pas fâchés de trouver un chemin tout tracé pour les opérations qui ſont de leur reſſort.

Celui de la Bouſſole eſt curieux pour tout ce qui ne demande point une préciſion géométrique, comme pour tracer des routes de chaſſe paralléles ou perpendiculaires à d'autres, pour lever les ſinuoſités d'un chemin, d'un ruiſſeau, & orienter les plans. Elle abrége beaucoup ces ſortes d'opérations; c'eſt pourquoi j'ai cru néceſſaire d'en dire quelque choſe, malgré ma répugnance naturelle pour tout ce qui ne peut être aſſujetti à la rigueur du calcul.

Je commence l'uſage du graphométre par la manière de prendre les angles horizontaux & verticaux. Je me ſuis attaché à découvrir les erreurs qui ſe gliſſent facilement dans le maniement de cet inſtrument, & à en faire ſentir l'importance. Je l'applique enſuite aux plus beaux problêmes de la trigonométrie rectiligne, que j'ai choisis & jugé nécessaires pour les géographes comme pour les arpenteurs ; je donne en finissant les méthodes modernes pour lever, calculer, & réduire les cartes géographiques avec la plus grande exactitude.

La deuxiéme partie comprend la nouvelle méthode d'arpenter, mesurer & calculer la superficie de toutes sortes de bois, la meilleure manière de les régler & réformer, & un état des mesures les plus connues du Royaume.

Détails de la seconde Partie.

Je la commence par l'explication des différentes limites qui entourent les bois; je détaille les difficultés qu'elles produisent, avec les moyens les plus efficaces pour y remédier ; ils sont si liés à la connoissance de la géométrie, qu'il semble très-nécessaire d'en être instruit, pour être en état de juger & résoudre ces questions litigieuses.

Dans l'arpentage j'étends particuliérement la connoissance des angles, qui est l'ame de cette opération ; j'en multiplie les preuves par toutes ſortes de figures, parce que les éléments de géométrie ne vont pas ordinairement juſques-là ; on en trouvera la démonſtration. Je rends ſenſible, autant que je le puis, la facilité de conſtruire & calculer trigonométriquement une figure, quelque capable & irrégulière qu'elle ſoit, pour détruire l'ancien uſage de les former avec le Rapporteur, & calculer au compas & à l'échelle ; j'ai cru devoir donner des modéles & des exemples de ces différens calculs, parce que je ſuis perſuadé que cette façon d'inſtruire eſt préférable au raiſonnement & ſe fait mieux entendre.

Dans la réformation & le réglement des bois, j'expoſe les principaux motifs qui doivent déterminer leur aménagement, comme ſont l'âge & les réſerves, en conſéquence deſquels l'arpenteur doit régler la diviſion des coupes, dont je donne la méthode pour le papier & pour le terrein, avec un modéle détaillé d'un bois mis en réformation, l'estimation des feuilles en perte ou en gain, & le dessein d'un plan.

Je finis ce petit traité par un état des mesures du royaume les plus connues, tant pour les terres que pour les bois, dont je propose les régles de réduction ou évaluation, avec des exemples pour les plus difficiles.

On doit regarder un bon arpenteur comme l'ame des opérations forestières, dont l'arpentage est inséparable ; il est essentiel de ne mettre en place que des sujets capables d'appliquer à la pratique tout ce que les meilleurs éléments de géométrie enseignent ; mais il faut observer en même tems que rien n'est plus ingrat que le bon aménagement des bois : on n'en connoît ordinairement le profit que lorsque celui qui l'a procuré est à l'abri des récompenses humaines. Cette perspective peu flatteuse pour l'émulation Conclusion.

des commençans, & jointe à l'état le plus pénible, a tellement dégouté les sujets, qu'il s'en trouve aujourd'hui moins que jamais qui préférent ce parti à d'autres.

J'abandonne à la sagesse de ceux qui à tous égards en sçavent plus que moi, ce qui seroit propre à relever cet Art de l'opinion d'ignorance sous laquelle il est depuis long-tems enseveli, & je borne mon zéle au desir que j'ai de contribuer en quelque chose à l'utilité publique.

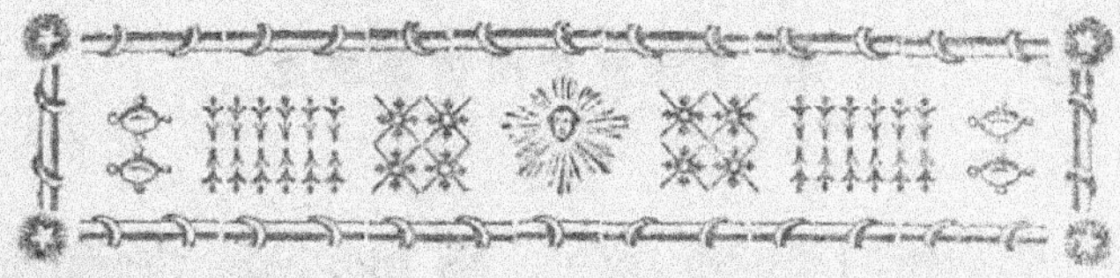

L'ARPENTEUR FORESTIER.

PREMIERE PARTIE,

Contenant les définitions des termes les plus usités, la description des instruments nécessaires, & l'usage de chacun en particulier.

Définitions des termes les plus usités dans l'Arpentage.

I.

BASES, sont de grandes lignes jallonées à volonté, à l'entour d'une superficie à mesurer, & sur lesquelles on appuie les petites traverses ou perpendiculaires ; par exemple A B, B C, C D, DE, & EA, sont les bases qui entourent la superficie X. Fig. 5. pl. 4.

II.

Fig. 7. pl. 4.

CAPITALE d'un plan, eſt une baſe choiſie à volonté, ſur laquelle on fait aboutir du ſommet de chaque angle les perpendiculaires néceſſaires à la conſtruction & au calcul d'un plan. La baſe D E, prolongée en C, & en F, eſt la capitale du plan A B C D E F G.

III.

Fig. 7. pl. 4.

PERPENDICULAIRES d'un plan, ſont des lignes tirées du ſommet de chaque angle perpendiculairement ſur la capitale. Les droites Cc, Bb, Aa, Gg, & Ff, ſont les perpendiculaires du plan ABCDEFG.

IV.

Fig. 7. pl. 4.

PARALLÉLES d'un plan, ſont des lignes tirées du ſommet de chaque angle parallélement à la capitale, & terminées par les perpendiculaires. Les droites Fp, Ao, An, & Cm, ſont les paralléles du plan ABCDEFG.

V.

Fig. 9. pl. 5.

TRAVERSES. On nomme ainſi les petites perpendiculaires que l'on éléve ſur les baſes à chaque ſinuoſité de la figure que l'on veut arpenter. Z Z ſont les traverſes de la baſe E F.

V I.

Sinuosités, sont les petits angles formés par les détours des limites d'une figure quelconque, d'un chemin, d'une riviere, &c.

V I I.

Cannevas, est une figure composée seulement des bases, de la capitale, des perpendiculaires, & des paralléles d'un plan. La figure A B C c f F G A est un cannevas. Fig. 7. pl. 4.

V I I I.

Brouillon, est une figure qui représente, outre ce qui est dans le cannevas, les traverses & sinuosités de la figure que l'on a arpentée. Le plan A B C D E F G est un brouillon. C'est sur ce plan que l'on écrit toutes les dimensions mesurées sur le terrein. Fig. 9. pl. 5.

I X.

Angle saillant, est celui dont le sommet est en dehors de la figure, tel que l'angle G, ou B. Fig. 7. pl. 4.

X.

Angle rentrant, est celui dont le sommet est en dedans de la figure, comme l'angle A. Fig. 7. pl. 4.

XI.

fig. 5. pl. 4. FIGURE IRRÉGULIÈRE SIMPLE, eſt une figure dont le cannevas ne contient que des angles ſaillans, comme celui de la figure X.

XII.

Fig. 7. pl. 4. FIGURE IRRÉGULIÈRE COMPOSÉE, eſt celle dont le cannevas contient des angles rentrans & ſaillans, comme la figure A B C D E F G, qui a un angle rentrant en A.

XIII.

Fig 6. pl. 4. ANGLE EXTÉRIEUR, eſt un angle formé par la prolongation d'une baſe avec la baſe ſuivante, tel que l'angle H G B; il eſt toujours le ſupplément de l'angle ſaillant adjacent, qui eſt intérieur par rapport à lui.

XIV.

Fig. 38. pl. 3. ANGLE D'INCLINAISON A L'HORISON, eſt celui qui eſt formé par la ligne horiſontale, & la rampe d'un côteau, tel que l'angle C A B, égal à l'angle A C f, à cauſe des paralléles horiſontales, C F & B A.

XV.

DÉCLINAISON D'UNE LIGNE, eſt la quantité de

degrés marqués par la pointe de l'aiguille d'une boussole qui désigne le nord.

XVI.

Déclinaison orientale, est celle qui est à droite du nord véritable, & à gauche du nord de l'instrument, elle est toujours au dessus de 180°.

XVII.

Déclinaison occidentale, est celle qui est à gauche du vrai nord, & à droite du nord de l'instrument; elle est toujours au-dessus de 180°.

XVIII.

Filet, ou brisée, est une ouverture très-étroite faite dans un bois, pour servir à emplacer une laye, ou une route.

XIX.

Tranche, est l'ouverture d'une ligne droite dans un bois, nécessaire pour jalloner & passer les portes-chaînes; elle doit avoir trois pieds de largeur.

XX.

Laye, est l'ouverture d'une ligne droite destinée à séparer les ventes dans les bois; elles doivent avoir quatre pieds de largeur, & être essouchetées.

XXI.

Fig. 10. pl. 6. SOMMIERE, est une grande laye de six pieds de largeur, destinée à séparer une Forêt en plusieurs parties, & sur laquelle on éleve les layes de séparation des ventes; elle doit être essouchetée. La droite A x est une sommière.

XXII.

CORDONS, il y en a de deux espèces: 1°. Le cordon simple, qui est une reserve des taillis adjacens aux layes faite de sepée en sepée. 2°. Le cordon double auquel on donne ordinairement une demi-perche de largeur sur chaque côté des layes.

XXIII.

COUPLER UNE LIGNE, signifie, tirer une paralléle à une ligne dans laquelle il se rencontre un arbre.

XXIV.

PORTÉE, est un terme qui exprime une dixaine de perches, ou de chaînes.

XXV.

COMBE, est un nom donné à une vallée étroite entre deux côteaux.

XXVI.

TRIAGE, exprime une révolution entière d'une certaine quantité de coupes à laquelle on regle un ou plusieurs bois.

XXVII.

ORDINAIRE, est un nom attribué à la vente entière des coupes annuelles des triages dépendans d'une maîtrise. L'ordinaire d'une année se dit de celle dans laquelle on fabrique les bois, & non de celle dans laquelle on les vend.

XXVIII.

TRAPEZE, est une figure de quatre côtés, dont deux sont paralléles & perpendiculaires sur le troisiéme, le quatriéme étant oblique.

XXIX.

DOSSE, ou BERGE D'UN FOSSÉ, se dit de la relevée des terres provenantes de son excavation, qui se jettent sur son bord.

INSTRUMENTS NÉCESSAIRES AUX ARPENTEURS.

JALLONS.

LA première ſcience de pratique étant de mener une ligne droite, les premiers inſtrumens ſont des jallons. Il en faut une douzaine faits au tour, ferrés par le bas en pointe, & fendus par le haut pour y ajouter des morceaux de carte, afin de les diſtancier amplement, lorſque l'on s'en ſervira dans les plaines.

Pour les bois il ſuffit d'en faire à la ſerpe au fur & à meſure que l'on travaille. Ils différent des autres en ce que les bouts hauts doivent être pointus en figure triangulaire, c'eſt-à-dire, comme une bayonnette à trois faces,

LES FICHES.

Les fiches ſont de petits piquets de quinze pouces de hauteur, & au plus d'un pouce & demi de tour. Ils doivent être faits au tour, arrondis par le bout haut, & ferrés en pointe par le bas; il en faut onze qui ſervent à porter la chaîne.

Beaucoup

Beaucoup de personnes se contentent d'en faire dans les bois à mesure qu'ils en ont besoin ; mais cet usage est défectueux en ce qu'on ne peut les planter solidement pendant les sécheresses & dans les terreins pierreux, & encore parce que des porte-chaînes peu scrupuleux les remplacent trop facilement lorsqu'ils en perdent.

BASTON D'ARPENTEUR.

Le Bâton d'Arpenteur ou d'équerre doit avoir quatre pieds quatre pouces de longueur sur quinze lignes de diamétre. Le bout bas doit être ferré en pointe, & le bout haut garni de cuivre pour joindre & convenir solidement avec les douilles des instrumens.

L'on divise ce bâton en quatre pieds de Roi, à commencer par le bout haut ; le premier pied doit être partagé en pouces, & le premier pouce qui est sur la garniture de cuivre, doit être soudivisé en lignes. Le bois de frêne en quartier est excellent.

LE TRÉPIED.

Si le sol de tous les terreins étoit de bonne terre, le bâton d'Arpenteur suffiroit ; mais il devient inutile dans les côteaux garnis de roches.

Fig. 1. pl. 1. C'est pourquoi il en faut un autre que l'on nomme trépied. Les trois pieds BC, BD & BE doivent se replier sur la branche triangulaire AB, au moyen de trois vis & écrous de cuivre attachés dans son bout bas en B ; le bout haut en A, doit être garni de cuivre comme le bâton d'Arpenteur.

LA CHAISNE.

La chaîne de vingt-deux pieds de Roi étant la plus usitée dans le Royaume, est celle dont je vais donner la construction.

Mesurez exactement vingt-deux pieds un pouce de Roi sur un plancher ou rez de chaussée bien uni, divisez cette longueur en dix parties égales, & chacune de ces parties en cinq autres aussi égales ; cette dernière division donnera la longueur du chaînon avec son anneau. La chaîne entière sera composée de cinquante chaînons. Aux deux extrémités doivent être deux grands anneaux de cuivre dont le diamétre doit être déduit sur les derniers chaînons. Le milieu doit être distingué par un tourillon en cuivre, de même que les anneaux qui se trouveront de cinq en cinq, pour désigner les dixiémes. Le chaînon sera les deux centiémes ; moyennant quoi cette division ne donnera que des fractions décimales.

RETALLONAGE DE LA CHAISNE.

Pour retalloner, c'eſt-à-dire, vérifier cette chaîne, meſurez de niveau joignant un mur bien plan la longueur de vingt-deux pieds de Roi ; tendez la chaîne ſur cette diſtance, & ajoutez à une extrêmité l'épaiſſeur d'une fiche qui avec elle doit ſe rapporter exactement. Si elle différe, on l'alongera ou raccourcira juſqu'à ce qu'elle ſoit parfaitement juſte. Il y en a qui ſe contentent d'ajouter l'épaiſſeur de la fiche aux vingt-deux pieds de Roi ; mais l'expérience d'après le retallonage, prouve que cette petite addition ne ſuffit pas pour équivaloir à la courbe que la peſanteur d'un fil d'archal un peu ſolide lui fait décrire. Ce ſeroit une erreur d'étalloner ſa chaîne autrement qu'on ne la porte, & perſonne ne voudroit être condamné à meſurer ſur le rez de chauſſée, dans les bois particuliérement.

Il y en a encore qui conſtruiſent leur chaîne de vingt-deux chaînons, chacun d'un pied de Roi, l'anneau compris. Cette manière eſt beaucoup plus ſimple que la précédente, & je la préférerois pour les meſures courantes ; mais il n'en eſt pas de même pour le calcul des ſuperficies, à cauſe des fractions en vingt-deuxiémes, qui ſont des plus embarraſſantes ; c'eſt pourquoi j'ai toujours préféré celle qui me donnoit les parties décimales pour fractions.

L'on doit réformer toutes celles qui peuvent ſervir aux tournebroches ; la multiplicité des petits chaînons dont elles ſont compoſées , produit un alongement conſidérable dans la pratique , & très-ſenſible quand le fil de fer eſt trop mince.

L'EQUERRE.

L'Equerre doit avoir trois pouces de diamétre , & les pinnules un pouce & demi de hauteur , afin de pouvoir plonger le rayon viſuel ; le tout en cuivre , de même que la douille , qui doit s'ajuſter au bout haut du bâton d'Arpenteur.

Fig. 2. Pl. 1. Pour éprouver votre équerre , faites planter deux jallons D & E éloignés , & dans l'alignement des deux rayons viſuels A B & A C , qui forment l'angle droit B A C ; tournez enſuite votre équerre de façon que le rayon viſuel A B ſoit dirigé ſur le jallon E , & obſervez ſi le rayon A F qui forme le ſecond angle droit contigu , répond exactement ſur le jallon D , auquel cas l'équerre ſera bonne : quoique l'égalité de ces deux angles droits ſuffiſe pour la preuve , à cauſe que les deux autres C A G , & F A G leur ſont oppoſés au ſommet , il ſera encore auſſi prudent que facile de les vérifier perſonnellement, en continuant de tourner ſon équerre.

LA BOUSSOLE.

La Bouſſole eſt un inſtrument quarré en bois, dans lequel eſt emboîté un cercle de cuivre de trois pouces de diamétre ; au centre eſt un petit pivot qui ſoutient l'aiguille aimantée, dont les extrémités ſont très-déliées en pointe. L'une de ces pointes eſt blanche & déſigne le ſud, l'autre eſt en couleur d'eau, pour marquer le nord. Dans le fond de la boëte eſt une plaque de cuivre ſur laquelle l'on trace les quatre vents cardinaux, dont le nord, qui eſt celui de l'inſtrument, eſt diſtingué par une fleur de lys. Les degrés ſont numérotés ſur le cercle, à commencer du nord vers l'orient, depuis l'unité juſqu'à 360°.

Sur un des côtés du quarré eſt une alidade mobile en forme de parallepipède creux, qui ſe hauſſe & ſe baiſſe au moyen d'un pivot à vis qui l'attache par le milieu. A un bout vers le nord de l'inſtrument, eſt une petite croix formée par deux lames de cuivre très-minces, dont le milieu répond à un petit trou d'épingle percé dans une plaque de cuivre attachée à l'autre bout vers le ſud, par lequel il faut néceſſairement diriger le rayon viſuel qui eſt toujours paralléle à la méridienne de l'inſtrument. Le tout eſt fermé par une petite planchette à laquelle il y a une douille qui doit convenir avec le bout haut du bâton d'Arpenteur.

La propriété de la Bouſſole conſiſte en ce que l'aiguille doit conſerver toujours la même poſition, de tel côté que l'on tourne l'inſtrument ; la bonté de l'aiguille ſe connoît en ce qu'elle doit varier longtems avant de ſe fixer. Une de trois pouces eſt préférable à une plus grande longueur qui appeſantiroit ſa vibration. On en fait l'épreuve en orientant du même ſens les deux extrêmités d'une ligne droite & longue ; elle doit marquer le même degré de déclinaiſon : ſon défaut le plus à craindre gît dans le pivot qui ſe rouille & s'émouſſe facilement ; la proximité de quelques fers, ne fût-ce qu'une coignée, même une ſerpe, ſuffit pour changer conſidérablement la direction de l'aiguille ; c'eſt à quoi il faut faire une grande attention.

LE GRAPHOMÉTRE.

Cet inſtrument eſt un demi - cercle de cuivre qui a quatre pinnules, dont deux à l'extrémité de ſon diamétre ſont immobiles ; les deux autres ſont attachées à une alidade mobile, au moyen d'un pivot qui répond au centre ; elles doivent avoir trois pouces de hauteur. Dans le milieu du demi-cercle eſt une petite bouſſole utile à orienter les plans.

Les degrés ſont numérotés à double ſens contraire depuis l'unité juſqu'à 180°. Aux deux extrémités de l'alidade mobile eſt tracée la ligne diamétrale déſignée par une fleur de lys, & deſtinée à marquer les degrés. A côté de cette ligne ſont douze petites parties égales entr'elles, dont chacune vaut $\frac{11}{12}$ de degrés, c'eſt-à-dire 55 minutes. Elles ſervent à diſtinguer les minutes de cinq en cinq.

EXEMPLE.

Si la ligne diamétrale marque quelque portion au-delà d'un degré, ſuppoſons $\frac{1}{12}$, la première des petites diviſions adjacentes doit tomber néceſſairement ſur le degré ſuivant, puiſque $\frac{1}{12} + \frac{11}{12} = 1°$. Si la fleur de lys avançoit de deux ou $\frac{3}{12}$. La 2ᵉ ou 3ᵉ diviſion feroit par la même raiſon ſur le 2ᵉ ou 3ᵉ degré ſuivant, & ainſi des autres.

Ces petites parties ſont numérotées de 15 en 15 minutes juſqu'à 60, à cauſe du peu d'eſpace qu'elles occupent. Quand aucune de ces diviſions ne tombe point préciſément ſur un degré, il faut juger de la différence qui ſe trouve entre les deux qui en approchent le plus. Beaucoup de personnes savent cet usage, mais plusieurs en ignorent la raison que voici.

DÉMONSTRATION.

L'espace qui est divisé en douze parties sur l'alidade, est égal à celui de onze degrés sur l'instrument; or quand une grandeur égale est divisée par deux autres, les quotiens sont réciproques aux diviseurs : ainsi une division de l'alidade sera à un degré comme 11 est à 12, c'est-à-dire les $\frac{11}{12}$ d'un degré, ou bien 55 minutes; cela est fondé sur la 14e du sixiéme livre d'Euclide.

REMARQUES.

Les artistes devroient prendre l'espace de 14° & le diviser sur l'alidade en quinze autres parties égales entr'elles : chacune seroit les $\frac{14}{15}$ d'un degré, c'est-à-dire de 56 minutes, & cette nouvelle division seroit bien plus exacte pour les moitiés que l'on est souvent obligé d'estimer, puisqu'elles diviseroient les degrés de quatre en quatre minutes.

Il doit y avoir une ligne de plomb tracée dans le dessous du demi-cercle qui soit perpendiculaire à son diamétre, pour prendre les angles verticaux, & servir de niveau dans les opérations de petite étendue.

ÉTUI MATHÉMATIQUE.

Cet instrument est trop connu pour en faire la description. Il suffit d'en avoir un de six pouces.

ÉCHELLE DE 1000 PARTIES.

Cette échelle doit être de cuivre, d'un pied de Roi de longueur, dont chaque moitié soit partagée en 1000 parties. Les unités doivent être désignées par des transversales sur les cent premières.

RÉGLES ET ÉQUERRE.

Il en faut trois, d'un, de deux & trois pieds de longueur, avec une équerre de huit pouces sur six pour les deux branches, le tout en bois, & de trois lignes d'épaisseur.

RAPPORTEUR.

Il en faut un de corne, de six pouces de diamétre, & divisé en demi degrés, pour construire les premiers cannevas.

COMPAS A VERGE.

Le compas est nécessaire pour prendre exactement les longueurs des grandes bases sur l'échelle de 1000 parties, parce que ceux des étuis mathématiques ſont trop petits, & ont leurs pointes trop obliques, dès qu'on les ouvre d'une certaine grandeur. En voici la deſcription.

Fig. 3. pl. 1. A B eſt une régle d'un pied & demi de longueur; C eſt une pointe de compas attachée à une boëte de cuivre en E, à laquelle il y a une vis & un écrou en A, pour la faire avancer ou reculer très-lentement. D eſt une autre pointe de compas attachée à une boëte de cuivre en O, qui doit couler ſur toute la régle A B; elle s'arrête ſolidement par une vis & un écrou par-deſſus en F. On peut faire convenir les pointes mobiles des compas qui ſont dans les étuis, à la boëte en O.

OBSERVATION GÉNÉRALE.

Il convient de réformer & défendre l'uſage de tous les inſtruments faits par des ſerruriers & forgerons, dont les diviſions groſſières ne peuvent jamais procurer une opération exacte. Le ſieur Canivet, neveu & éleve de feu M. Langlois, a hérité de toute l'exactitude de cet habile artiſte; ce qui lui a procuré le titre d'Ingénieur en inſtruments de Mathématiques pour l'Académie Royale des Sciences. Il demeure à la Sphère, quai de l'Horloge du Palais, à Paris.

USAGE DES INSTRUMENTS.

USAGE DES JALLONS.

UN jeune homme qui ſe propoſe l'état d'Arpenteur, doit commencer à bien jalloner lui-même ſur le terrein, afin d'être capable pour la ſuite de vérifier avec aſſurance les opérations des jalloneurs qu'il inſtruira ou occupera.

PROBLÊME I.

1. *Mener une ligne droite ſur le terrein ; 1°. en plaine ; 2°. en montant ; 3°. ſur le ſommet d'un côteau ; 4°. dans une combe ; & 5°. entre deux objets éloignés.*

I. CAS, *en plaine.*

PRenez le jallon A, élevez-le un peu au-deſſus de terre, laiſſez-le tomber dans ſon aplomb, enfoncez-le ſolidement, & redreſſez-le le plus perpendiculairement qu'il ſoit poſſible. A trente pas environ, où il faut que la ligne paſſe, plantez un deuxiéme jallon B, qui avec le premier déterminera l'alignement de la ligne à jalloner. A égale Fig. 4. pl. 1.

diſtance de ce deuxiéme, prenez un troiſiéme jallon C, ajuſtez le bout haut dans le rayon viſuel qui paſſe par les ſommets des deux premiers, & plantez-le dans ſon aplomb, comme il eſt dit du premier : après l'avoir affermi, redreſſez la pointe qui ſe dérange toujours, & remettez-la parfaitement dans ce rayon viſuel, de façon qu'étant aligné avec le jallon B, l'on ne puiſſe appercevoir le premier en A, ou que ſi on le découvre, comme cela arrive dans les terreins inégaux, il paſſe directement par les trois points A, B, & C.

Pour aſſurer votre opération, écartez l'œil également à droite & à gauche de ce dernier jallon C, (cela s'appelle bornoyer) pour découvrir le premier jallon en A. Si vous l'appercevez autant d'un côté que de l'autre, le jallon C ſera très-bien placé, puiſqu'il ſe trouvera vis-à-vis le milieu du deuxiéme en B, par où doit paſſer la ligne droite. On plantera tous les autres de la même manière, en obſervant d'en découvrir au moins deux ſans celui que l'on veut placer.

2. Il ſuit de cette méthode que la tête & le pied des jallons ſont, autant qu'il eſt poſſible, dans le plan vertical de la ligne. Si l'on en a qui ſoient courbés, comme ſont ordinairement ceux des bois, l'on doit avoir ſoin de tourner la cour-

bure de façon qu'elle soit avec la tête & le pied dans le même plan vertical. Cette remarque est importante pour bien jalloner.

II. Cas, *en montant.*

3. Il faut que le dernier jallon C, qui est au bas du côteau, soit plus mince que les autres, & bien à plomb. L'on plantera un jallon D aussi mince sur la rampe, & assez près de l'autre, pour que l'on puisse aligner les pointes C & D, avec le pied du jallon B, qui doit être dans le plan vertical de la ligne A B. (2) Fig. 5. pl. 1.

Si le côteau étoit si droit que l'on ne pût, en montant tant soit peu, aligner les têtes des jallons C & D avec le pied du jallon B, il faudroit revenir au jallon C, & faire planter un très-petit jallon Z, de quatre à 6 pouces de hauteur dans le plan vertical de la ligne A B C, après quoi l'on plantera le jallon D dans la direction C Z. Fig. 6. pl. 1.

4. On vérifiera son opération vers le sommet du côteau, où l'on pourra trouver deux jallons tels que E & F, dont on pourra fixer le rayon visuel sur quelqu'uns des jallons de la plaine, comme A & B, avec lesquels il doit se rapporter parfaitement.

III. Cas, *sur le sommet du côteau.*

Fig. 7. pl. 1. 5. Quand on arrive sur le côteau comme en D, il faut prendre un jallon très-petit & mince, le planter en D, d'où l'on puisse découvrir les deux derniers C & B de la rampe à peu de distance, on en mettra un deuxiéme E, un peu plus élevé dans l'alignement C D; on augmentera aussi le troisiéme F, moyennant lequel on pourra prolonger la ligne sur le sommet.

Quand le terrein est des plus montueux, il faut diminuer les jallons de grosseur & de longueur; & les distancier proportionnellement; après quoi on les augmente peu à peu, jusqu'à ce que l'on soit sur le replat du côteau, & qu'ils soient dans leur grosseur naturelle.

6. Ce qui vient d'être expliqué peut s'appliquer à la descente du côteau, soit vers le haut, soit vers le bas, pour rétablir sa ligne en plaine.

IV. Cas, *traverser une combe.*

Fig. 8. pl. 1. 7. Soit la combe A D à traverser, après avoir descendu en B, remonté en E, & rétabli sa ligne sur le replat en C, comme il a été dit dans les cas précédens; il faut aligner les deux derniers jallons C & D, avec les deux premiers A & B; si le rayon visuel C D passe par les jallons A & B, & que les jallons intermédiaires de la combe vers E soient dans le plan vertical de la ligne, elle sera parfaitement droite.

Si la distance A D est trop grande pour distinguer aisément les jallons des extrémités, il faut envoyer un journalier tenir son chapeau derrière le jallon A, pour mieux appercevoir la pointe blanche de celui qui est en B.

V. CAS, *entre deux objets éloignés.*

8. Soient les tours G & H distantes de quelques lieues entre lesquelles on veuille mener la droite G H.

Plantez un jallon B vers le milieu; à peu de distance mettez un deuxiéme A dans l'alignement B G, retournez en B, & voyez si le rayon visuel B A aboutit au milieu de la tour H; s'il s'en écarte, supposons vers la droite, reportez le jallon B sur votre gauche, & remettez une seconde fois le jallon A dans le nouvel alignement B G; éprouvez de nouveau si le rayon visuel B A aboutit en H; s'il s'en écartoit encore, vous recommenceriez cet essai jusqu'à ce que l'alignement A B G soit la prolongation de B A H. Fig. 3. pl. I.

Ces deux jallons A & B de la ligne G H, étant

une fois bien établis, envoyez un journalier en C pour y planter un jallon, que vous alignerez dans le rayon visuel B A, prolongé en G. L'on fera planter de même tous les autres jallons devant soi, en observant de les aligner, non seulement avec les deux jallons précédens, mais encore avec le milieu de la tour G, qui se découvre de mieux en mieux à mesure que l'on en approche; on dressera la ligne B A H de la même façon.

Cette maniere de mener une ligne sur un objet, est des plus utiles dans les grandes distances, & réussit parfaitement sans le secours des lunettes d'approche. Je pense que c'est ainsi que l'on a opéré pour établir l'avenue qui répond aux deux tours de Louvain & Malines, distantes de cinq lieues; en tout cas on a pû l'exécuter de même.

PROBLÊME II.

9. *Coupler une ligne droite.* (defin. 23.)

Fig. 10. pl. 1. SOit l'arbre L dans le milieu de la ligne A B C, remarquez la place à laquelle cette ligne aboutit; prenez la moindre épaisseur, ajoutez-y trois à quatre pouces, & portez cette distance sur une petite baguette qui servira d'étalon.

Plantes

Plantez un jallon D, à côté du jallon A, dont les sommets soient distans de la longueur portée sur l'étalon, & prise perpendiculairement sur la ligne A B C, à côté des jallons B & C; plantez pareillement deux autres jallons E & F, distans des sommets B & C, de la longueur A D; si les trois nouveaux jallons D E & F forment une ligne droite, votre opération sera exacte, & la ligne D E F sera paralléle à la ligne A B C.

10. Si on vouloit rétablir sa ligne dans la même position derrière l'arbre, après avoir prolongé la paralléle en G, H & I, on opéreroit sur les trois jallons M, N & O avec le même étalon, comme il vient d'être expliqué pour les trois D, E & F; mais dans les bois où se rencontrent souvent ces obstacles, on se contente de remettre son alignement dans un sens opposé au précédent, relativement au second arbre que l'on rencontre.

USAGE DE LA CHAINE.

PROBLÊME III.

12. *Mesurer une ligne droite.*

POur cette opération il faut deux hommes, dont l'un marchera en avant portant avec lui dix fiches, & l'anneau de la chaîne passé au doigt; il s'avancera sur la ligne à mesurer, pendant que celui qui doit rester en arrière étendra tous les chaînons dans sa main, & jusqu'à ce qu'il arrête le dernier anneau de la chaîne à une onziéme fiche qu'il aura gardée & qu'il plantera au premier point de chaque ligne à mesurer; après quoi celui qui aura marché en avant tenant la chaîne bien tendue, piquera une de ses dix fiches, en joignant l'anneau de la chaîne près le bout d'en haut, & continuera de marcher jusqu'à ce que son second soit arrivé auprès de la premiere fiche plantée pour la lever dès que la seconde sera piquée; ils opéreront de cette manière jusqu'à ce que le porteur des dix fiches les ait toutes employées. Alors elles seront rendues à celui des deux qui sera resté en arrière; il laissera la onziéme plantée, ſans jamais la compter, & il marquera cette portée (deff. 24.) avec une épingle qu'il attachera à la première boutonnière de ſa veſte. Ils continueront à opérer enſemble de la même façon juſqu'au dernier point de chaque ligne à meſurer, & au bout de laquelle on comptera les portées par le nombre de boutonnières épinglées, & on ajoutera au total autant de perches qu'il s'en trouvera depuis la dernière portée, de même que les dixiémes & centiémes, s'il y en a.

REMARQUES.

13. Cette façon de meſurer en joignant l'anneau de la chaîne près la tête de chaque fiche, s'appelle meſurer de dehors en dehors. L'épaiſſeur de chaque fiche ſe trouve ajoutée à chaque chaîne; comme dans la conſtruction.

Il faut que le dernier porte-chaîne ait grande attention, en marchant & en arrivant près de chaque fiche, d'éviter que la chaîne ne les touche & en dérange la poſition telle qu'elle ſoit, fût-elle oblique, parce que c'eſt leur ſommet, & non le pied qui fait toute la juſteſſe du meſurage. Il doit approcher le genou légérement, & y appuyer la main, de façon que le premier ſe ſentant arrêté, n'ait pas beſoin de tourner la tête pour ſavoir quand il faudra piquer une fiche. Ils doivent auſſi laiſſer les jallons ſur leur droite, & ne jamais traverſer d'un côté à l'autre. Si la chaîne venoit à ſe rompre, il ne faudroit point la rejoindre, ſans être aſſuré qu'il n'y a point de chaînons perdus, & ſi une fiche étoit égarée, il ne faudroit pas la remplacer ſans avoir vérifié dans quelle partie de la ligne elle eſt tombée, ſans quoi on ne pourroit être ſûr de ſon opération.

14. Il y en a qui ſe ſervent de deux perches chacune de 11 pieds, qu'ils mettent bout à bout. Cette manière eſt très-bonne pour les prés, vignes, & terres qui ſont de grand prix ; mais elle eſt impraticable pour les bois.

La raiſon pour laquelle une même ligne ne peut être meſurée avec la chaîne deux fois également, vient de ce qu'on la tend plus ou moins en la portant. L'expérience apprend que ſi on néglige de la tendre le plus également qu'il eſt poſſible, il ſe trouve facilement un pouce d'erreur par chaîne ; au reſte il paroît juſte d'obſerver que cette erreur ne peut jamais diminuer les longueurs, mais ſeulement les augmenter : c'eſt pourquoi lorſqu'il ſe trouve de petites inégalités dans deux meſures différentes d'une même ligne, l'on doit toujours préférer la plus petite à la plus grande.

PROBLÊME IV.

15. *Mesurer une ligne inaccessible avec la chaîne & les jallons.*

SOit la ligne B A la largeur d'une grande rivière ; prolongez B A vers C à volonté ; par le point C, menez C E, qui fasse avec B C un angle tel qu'il se trouvera, (le plus approchant du droit sera le meilleur) faites C D égal à D E ; au point D menez une ligne sur B ; elle coupera celle de A en E, en un point que vous marquerez en F ; mesurez cette distance A F exactement, (12.) & portez la même mesure de F en H, après quoi faites l'analogie suivante. Fig. 22. Pl. 1.

Comme E H, différence entre F E & A F,
est à H F, égal à A F par la construction,
ainsi C A, prolongement de A B,
est à A B, distance requise.
Soit tirée la ligne A G paralléle à C E.

DÉMONSTRATION.

Les triangles A G F & E D F ont les angles du sommet F égaux avec les alternes G & D, on a la proportion D E : G A : : E F : A F. Dans les triangles semblables B E G & B C D, on a D C : G A : : B C ; A B. Puisque D E = D C, on aura E F : A F : : B C ; A B, mais E F — A F = E H, & H F = A F, de même B C — A B = C A ; ainsi en substituant on a la proportion E H : H F : : C A : A B. *c. q. f. d.* cela est fondé sur la 4e du 6e livre d'Euclide.

Ce problême est excellent dans la pratique ; le résultat est beaucoup plus juste que si l'on étoit obligé de prendre les angles dont l'imperfection influe toujours sur les distances.

AUTREMENT.

Fig. 12. pl. 2. 16. Soit A B la largeur d'une rivière, fossé, &c. plantez verticalement un petit jallon A E ; à peu de distance plantez un autre jallon ou le bâton d'Arpenteur G F, de façon que le rayon visuel B E passe par le sommet du bâton en G ; mesurez la distance A F, avec les hauteurs A E, & F G, & dites :

Comme F G — A E, différence des deux jallons,
est à A E, hauteur du petit jallon,
ainsi A F, distance des deux jallons,
est à A B, distance requise.

Si le grand jallon G F est double du petit A E, la distance F A sera égale à la distance requise A B que l'on connoîtra sans aucun calcul. La démonstration est fondée sur la 47e du 1er & la 4e du 6e livre d'Euclide, à cause des triangles semblables B A E, & G E *m*, formés par la paralléle E *m*.

PROBLÊME V.

17. *Mesurer la hauteur d'un arbre, d'une tour, &c.*

Soit l'arbre A C à mesurer, plantez le jallon D E à plomb; cherchez le point B, déterminé par le rayon visuel C D. Mesurez exactement la base A B, la portion B E, & la hauteur du jallon D E, vous aurez la hauteur requise A C, en disant à cause des triangles semblables B A C, & B E D, (Fig. 15. pl. 1.)

la portion B E
est à E D, hauteur du jallon,
comme B A
est à A C, hauteur requise.

Autrement.

18. On peut résoudre ce problême avec l'ombre d'un arbre, quand il fait soleil. (Fig. 14. pl. 1.)

Soit l'arbre A B, son ombre A C; plantez le bâton d'Arpenteur bien à plomb dans un lieu à volonté, comme en *m*; mesurez l'ombre A C, & *m o*, vous aurez A B, en disant:

L'ombre *m o* du bâton d'Arpenteur
est à l'ombre A C de l'arbre,
comme *m n*, hauteur du bâton,
est à A B, hauteur de l'arbre, requise.

AUTREMENT.

Fig. 15. pl. 1. 19. Soit la hauteur D E, prenez un petit miroir, posez-le horisontalement à volonté comme en C; plantez verticalement un jallon en A, de façon que l'œil étant à son sommet B, découvre celui de la tour ou arbre à mesurer dans le milieu du petit miroir en C; mesurez exactement les distances E C & C A, avec la hauteur du jallon A B, vous connoîtrez E D en disant;

Comme la petite distance C A
est à la hauteur du jallon A B,
ainsi la distance C E
est à la hauteur requise E D.

Cette méthode est fondée sur la similitude des triangles A B C & D C E, dont l'angle D C E d'incidence est égal à l'angle de réflexion B C A, ainsi qu'il est prouvé en optique, & rapporté dans le 2e usage de la 4e proposition du 1er livre d'Euclide.

Elle est des plus curieuses, & devient très-juste s'il se trouve un peu d'eau à côté de l'objet, & que l'on prenne un plomb à la place du jallon B A.

PROBLÊME VI.

20. *Trouver la superficie d'un triangle quelconque.*

Soit le triangle A B C, mesurez exactement les trois côtés A B, A C, & BC; ajoutez-les ensemble pour en avoir la somme dont vous prendrez la moitié; ôtez de cette moitié chaque côté du triangle séparément, vous aurez trois différences que vous multiplierez, savoir, la première par la seconde, leur produit par la troisiéme, & ce second produit par la moitié de la somme. De ce troisiéme & dernier produit, tirez la racine quarrée qui donnera la superficie requise du triangle B A C. Fig. 16. pl. 1.

Exemple.

Soit A B = 45, BC = 39, & A C = 42

45 + 39 + 42 = 126, somme entière

63 moitié de la somme.

63 — 45 = 18, première différence;

63 — 39 = 24, seconde différence,

63 — 42 = 21, troisiéme différence; mais

18 × 24 × 21 × 63 = 571536, dont la racine quarrée 756 donne la superficie requise du triangle B A C.

Pour le démontrer, inscrivez un cercle dans le triangle B A C du centre O, baissez des perpendiculaires sur les côtés du triangle A B C, & du même centre menez les droites O A, O C, & O B. Les côtés du triangle seront des tangentes; & comme d'un même point on ne peut mener que deux lignes égales qui soient tangentes, A E sera égale à A D; B E à B F, & C D à C F. Prolongez B A en G d'une grandeur égale à C D, & B G sera égale à la moitié de la somme des trois côtés du triangle A B C, & en même tems composée des trois différences qui se trouvent entre cette moitié & chaque côté particulier. Faites G H perpendiculaire à B G, & la continuez jusqu'à ce qu'elle rencontre B O prolongée en H; du point H abbaissez H I, perpendiculairement sur A C; enfin menez la diagonale H A.

DÉMONSTRATION.

Les quadrilateres E D & G I ont chacun deux angles droits en E, D, G, & I. D A E, supplément de D A G, est égal à G H I, supplément du même angle D A G : donc ils sont semblables de même que les triangles G H A, & A E D, qui sont leur moitié; l'on aura la proportion H G : G A :: A E : E O, dont on tire l'équation

$$HG \times EO = GA \times AE;$$

mais le rectangle $HG \times EO$ est à $\overline{GH}^2$, comme EO est à GH, ou bien comme BE est à BG, à cause des deux triangles semblables BGH & BEO. On aura donc $BE : BG :: \overline{EO}^2 : HG \times EO$. Puisque $HG \times EO$ est égal à $GA \times AE$, on aura $BE : BG :: \overline{EO}^2 : GA \times AE$; de cette dernière proportion on a l'équation suivante :

$$\overline{EO}^2 \times BG = GA \times AE \times BE \text{ les trois diff.}$$

si on multiplie les deux membres par BG, on aura

$$\overline{EO}^2 \times \overline{BG}^2 = GA \times AE \times BE \times BG.$$

Le second membre de cette équation contient les trois différences & la moitié de la somme multipliées les unes par les autres ; la racine quarrée de ce nombre est une moyenne proportionnelle entre le quarré de EO, & celui de BG ; elle est égale au rectangle $BG \times EO$, qui est aussi moyen proportionnel entre les mêmes quarrés, à cause qu'il est alternativement de même hauteur. Ce rectangle $BG \times EO$ donne la superficie des trois triangles qui composent le total ABC, puisque BG est composé de la moitié des trois bases de chacun, & que EO est leur hauteur commune. La racine quarrée des produits contenus au second membre de l'équation étant égale à ce rectangle, l'eſt par conſéquent à la ſuperficie totale du triangle A B C. *c, q f d.*

Ce problême eſt très-bon par ſa ſimplicité dans la pratique, & ſa juſteſſe dans le calcul; ſa démonſtration eſt appuyée ſur les 4e, 14e & 16e du 6e livre d'Euclide.

USAGE DE L'ÉQUERRE.

PROBLÊME VII.

21. *D'un point pris ſur une ligne, tracer une perpendiculaire.*

Fig. 17. pl. 1. PLantez le bâton d'Arpenteur au point donné E, après avoir ajuſté le bout haut dans l'alignement B A, ou O A; poſez enſuite votre équerre, de façon que le rayon viſuel qui paſſe par les pinnules 1 & 2, découvre les jallons A & B de part & d'autre également. Envoyez en avant un journalier qui tiendra à côté de lui ſur la droite un jallon C; vous lui ferez ſigne de l'avancer ou retirer à lui juſqu'à ce que le pied ſoit dans le milieu du rayon viſuel qui paſſe par les deux autres pinnules 3 & 4, après quoi il le plantera ſolidement. Vous regarderez encore par les mêmes pinnules pour faire mettre la tête du jallon comme le pied dans le milieu du même rayon visuel ; à trente pas plus loin, faites-en planter un autre D de la même manière. La ligne C D pourra être continuée, & doit être perpendiculaire à la base A B, si votre équerre est juste.

22. Si au lieu du point E donné, l'on a celui par lequel la perpendiculaire doit passer comme ici en H ; plantez votre équerre à peu-près vis-à vis, comme en F dans l'alignement A B. Regardez ensuite si le rayon F X passe bien près du point H, & avancez de la distance dont il s'en écartera pour faire la même épreuve, jusqu'à ce que vous trouviez le point E, duquel on puisse mener la perpendiculaire E H. Si le point H ne pouvoit se découvrir, comme dans un bois, envoyez-y un journalier faire du bruit, & faites le même essai jusqu'à ce que le rayon visuel perpendiculaire soit dirigé sur sa voix le plus juste qu'il soit possible. Fig. 18, pl. 1.

23. Si le point donné dans une ligne est à son extrémité, l'on se contente de diriger le rayon visuel de l'équerre sur les deux derniers jallons.

Il faut que l'équerre & le bâton d'Arpenteur soient bien à plomb, parce que peu d'inclinaison donne beaucoup d'erreur. L'on ne doit jamais piquer le bâton garni de l'équerre, tant pour en aligner le bout haut avec les bases, que pour ne point forcer la douille qui doit toujours se poser légérement.

PROBLÊME VIII.

24. *Etablir une laye entre deux bornes.*

Fig. 19. pl. 1. SOient les deux bornes A & B qui séparent deux bois de même âge ; envoyez un ouvrier sur la borne B pour y crier à haute voix ; du point A dressez au son de sa voix une ligne droite que vous ferez ouvrir par un filet ou brisée A *m*, que vous prolongerez jusqu'à ce que vous soyez vers B ; si ce filet tombe sur la borne B, ou qu'il ne s'en écarte que de la largeur de la laye, c'est-à-dire, de deux ou trois pieds, il sera aisé de le dresser en faisant ouvrir la laye de séparation. Mais si ce filet s'éloigne davantage de la borne B, comme cela arrive souvent dans les distances considérables, il tombera à quelque point comme C ; en ce cas du point C, élevez la perpendiculaire C B (22.) que vous mesurerez avec la distance A C, & à un point à volonté vers A, comme *m* ; élevez une autre petite perpendiculaire *m n*, dont vous connoîtrez la longueur en disant, à cause des triangles semblables A C B & A *m n*.

Comme le filet A C est à la perpendiculaire B C, ainsi A *m* est à la petite perpendiculaire *m n*.

Si l'on fait A *m* la dixiéme partie de A C, vous saurez sans aucune régle la longueur *m n*, qui sera aussi la dixiéme partie de la perpendiculaire B C; le point *n*, étant connu & fixé, appartient à la ligne A B, de même que le point A; ainsi en prolongeant A *n*, vous aurez la droite A B. Pour bien réussir, il faut que les jallons en A, & en *n*, soient petits & bien à plomb.

Ce problême arrive assez souvent dans la pratique, & devient aisément l'écueil d'un commençant qui a peine à se reconnoître dans une figure qu'il ne découvre pas.

PROBLÊME IX.

25. *Etablir une base dans un bois, & la mener dans les fonds & sur les côteaux.*

SOit la portion de bois A *m n o* B, dans laquelle on veuille établir une base à volonté H L; envoyez un journalier vers la borne A, & un autre vers la borne B; restez dans le milieu environ pour y planter l'équerre vers E; dirigez un rayon visuel à la voix de celui qui est en H, & voyez en

Fig 12. pl. 2.

vous retournant, si ce même rayon répond à la voix de l'autre qui est en L ; avancez ou reculez jusqu'à ce qu'il soit dirigé sur les deux voix au point E, duquel vous ferez ouvrir la tranche E H, qui prolongée passera en L.

Si la distance L H est des plus grandes, restez à une extrémité en H, envoyez un garde tirer un coup de fusil vers L, & aussi-tôt dirigez au bruit le rayon visuel de l'équerre que vous aurez tenue prête.

Fig. 21. pl. 2. 25. Pour mener une base dans les fonds & sur des côteaux, comme la ligne A B M, posez votre équerre sur le sommet du premier côteau en C ; fixez le rayon visuel des pinnules 1 & 2 sur les jallons A & B, & faites planter deux jallons en D & E par le même rayon qui doit plonger. En bas dans le fond en F, faites une seconde station, dans laquelle, après avoir dirigé le rayon visuel 1 & 2 sur les jallons de la rampe D E, faites planter dans le même rayon les jallons G & H, en remontant. Enfin au haut de ce deuxiéme côteau, faites une troisiéme station pour avoir les deux jallons L & M, au moyen desquels vous pourrez continuer votre base sur le replat ; avant d'ôter l'équerre, vérifiez si votre rayon visuel L M se rapporte avec les jallons A & B (7)

Quand

Quand une équerre est bien faite, & que le rayon visuel peut plonger dans les côteaux les plus droits, on abrége beaucoup, ou plutôt on vérifie facilement si les jalloneurs ne se sont point trompés dans la pratique du premier problême, qui n'a été détaillé que pour eux particuliérement.

PROBLÊME X.

26. *Mesurer une ligne inaccessible.*

Soit la ligne inaccessible F B la largeur d'une rivière, d'un grand fossé, &c. prenez un point A à volonté dans la prolongation de F B; de ce point élevez la perpendiculaire A D; (21) du point D, aussi à volonté, élevez l'autre perpendiculaire D E que vous terminerez au point E, duquel vous tracerez la droite E B, qui coupera la perpendiculaire A B en un point C; mesurez les lignes AC, CD, & D E, vous aurez A B, en disant: Fig. 22. pl. 2.

CD : AC : : D E : A B, dont vous ôterez la partie A F, pour avoir la ligne requise F B.

On peut résoudre encore ce problême sans aucun calcul, en faisant C D le quart, le tiers, le dixiéme, &c. de A C: car en ce cas D E sera aussi quart, tiers, dixiéme, &c. de A B, dont on ôtera A F, comme ci-dessus.

AUTREMENT.

Fig. 23. pl. 2. 27. Après avoir élevé la perpendiculaire A D, de longueur à volonté, élevez aussi à volonté l'autre perpendiculaire C E, qui sera terminée au point E par la droite D B; tirez du point D au point B. Si C D est le quart de A D, C E sera aussi le quart de A B, dont on ôtera A F pour avoir F B.

AUTREMENT.

Fig. 24. pl. 2. 28. Soit la ligne inaccessible A B à mesurer, d'un point à volonté comme C, élevez C D perpendiculaire sur C A, d'un autre point que vous chercherez dans l'alignement C D; faites passer une perpendiculaire par le point B, elle sera paralléle à C A, & la figure A B C D sera un trapeze. Mesurez les trois côtés A C, C D, & D B; ôtez A C de B D; faites le quarré de leur différence, que vous ajouterez au quarré de C D, & de la somme totale tirez la racine quarrée qui donnera la longueur de la ligne inaccessible A B; cette pratique dépend de la 47e du 1er livre d'Euclide.

PROBLÊME XI.

29. *Mesurer une figure triangulaire.*

SOit la figure triangulaire ABC; élevez sur la base BC, la perpendiculaire *m* A qui passe par l'angle A, (22.) mesurez cette base B C, & cette perpendiculaire *m* A, multipliez ces deux longueurs, & la moitié du produit donnera la superficie requise. Fig. 29. pl. 2.

30. Si le triangle est obtus angle, & que l'on ne puisse tracer la perpendiculaire sur la base opposée à l'angle obtus, prolongez un côté de l'angle obtus B C, jusqu'à ce que d'un point comme D, vous puissiez tracer une perpendiculaire au point A, que vous mesurerez avec le côté B C, pour les multiplier l'un par l'autre; la moitié du produit donnera la superficie requise. Fig. 28. pl. 2.

31. Si le triangle est rectangle, il suffit de mesurer les deux côtés qui forment l'angle droit, pour les multiplier l'un par l'autre; la moitié du produit donnera la superficie.

PROBLÊME XII.

32. *Connoître la superficie d'un trapeze & d'un poligone régulier quelconque.*

Fig. 24. pl. 6. Soit le trapeze A B C D (*déf.* 28.) vérifiez avec l'équerre si les deux angles en A & en B sont droits, & mesurez les deux côtés paralléles A D & B C avec la base A B; multipliez la longueur de cette base par la somme des deux côtés A D & B C; la moitié du produit vous donnera la superficie requise.

33. Pour avoir la superficie d'un poligone régulier, partagez deux de ses côtés contigus en deux également, & par les points du milieu élevez deux perpendiculaires (21) qui se couperont au centre; la longueur d'une de ces deux perpendiculaires qui sont égales, sera le rayon droit que vous mesurerez avec un des côtés. Multipliez la longueur de ce côté par le nombre des côtés, & le produit par la moitié du rayon droit; ce second produit vous donnera la superficie cherchée.

Pour faciliter ces sortes de calculs, je vais donner une petite table des superficies des poligones réguliers, dont on suppose les côtés de 1000 parties.

Le triangle équilatéral,	433012
Le quarré, ...	1000000
Le pentagone, . . .	1720475
L'éxagone, ...	2598075
L'eptagone, ...	3633525
L'octogone, ...	4828275
Ennéagone, ...	6181824
Décagone, ...	7694200
Endécagone, ...	9363805
Dodécagone, . . .	11196152
Le cercle, ...	3142857, le rayon de 1000 part.

PROBLÊME XIII.

34 *Mesurer un quadrilatere.*

SOit le quadrilatere A B C D qui représente un pré, un taillis, &c. élevez sur le plus grand côté A B les deux perpendiculaires D *m* & C *n*, (22) qui passent par les deux angles D & C opposés; cherchez la superficie des deux triangles rectangles A D *m* & C B *n*, (31) à laquelle vous ajouterez celle du trapeze D C *m n*; (32.) la somme totale vous donnera la superficie du quadrilatere A B C D. Fig. 17. pl. 2.

35. Si ce quadrilatere étoit une piéce d'eau, & que l'on ne pût y entrer pour y élever les perpen-

diculaires, D *m* & C *n*, il faudroit prolonger le petit côté DC de part & d'autre en D & en C, & tracer des points *o.* & *p.* les perpendiculaires *o* A, & *p* B, (22.) qui passent par les points A & B du grand côté A B; cherchez ensuite la superficie totale du trapeze A B *p o*, ôtez-en celle des deux triangles rectangles A *o* D, & B *p* C; il vous restera la superficie requise du quadrilatere A B C D.

PROBLÊME XIV.

36. Mesurer une figure irréguliere quelconque, accessible en dedans.

Fig. 28. pl. 3. SOit la figure A B, qui peut représenter un clos, un pré, un jardin, &c.

Envoyez un ouvrier dans l'angle le plus éloigné en B, & dirigez sur cet angle la base A B; élevez sur cette base autant de perpendiculaires qu'il y a de sinuosités dans le perimétre de la figure à droite & à gauche, (22.) commencez à mesurer en A, allant vers B, la distance A *m*, & la perpendiculaire *m n* de la gauche; continuez de mesurer de *m* en *o*, & la perpendiculaire *o n*, sans avoir égard aux autres perpendiculaires de la droite; vous mesurerez de même toutes les autres à gauche avec leur distance sur la base A B; quand vous serez en

B, vous ajouterez toutes les distances détaillées pour avoir la longueur entière de cette base A B; du point B vous retournerez vers A, en mesurant séparément chaque perpendiculaire de la droite de la base, (allant de A vers B) avec leurs distances; quand vous serez en A, vous ajouterez toutes ces différentes longueurs; si leur somme est égale à celle que vous avez trouvée en B pour la gauche, la mesure de la base A B sera bien faite, sinon il faudra recommencer, & trouver absolument dans quelle distance de perpendiculaire on s'est trompé pour appliquer la correction nécessaire où il convient. Si ces deux mesures différoient de très-peu de chose, on préféreroit la plus petite à la plus grande; (14.) l'on tiendra un état de ces mesures conforme au modéle suivant.

BASE A B.

Perpendiculaire à gauche.			Perpendiculaire à droite.	
4	4		6	8
10	4		5	4
14	10		8	5
10	4		10	3
8	0		12	2
			5	0
46		preuve	46.	

Quand il n'y a point de perpendiculaire au bout d'une baſe, on en ſuppoſe une égale à O; il en ſeroit de même ſi une ſinuoſité du milieu aboutiſſoit ſur la baſe.

Avec ce petit état vous pourrez conſtruire la figure quand vous voudrez, & par avance en faire le calcul ſur le terrein. Vous trouverez la ſuperficie totale en ajoutant celle de tous les triangles (31) & trapezes (32) qui la compoſent, & vous en ferez un état ſemblable au modéle ſuivant.

Emprunt à gauche.		Emprunt à droite.	
triangle .	8	triangle .	24
trapeze .	40	trapeze .	30
idem . .	98	idem . .	36
idem . .	70	idem . .	40
triangle .	16	idem . .	30
		triangle .	5
à gauche	232		165
à droite	165		
total . .	397.		

On doit ajouter ces deux états à côté du brouillon que l'on conſtruira facilement avec le compas & l'échelle de 1000 parties; après avoir vérifié par un ſecond calcul le total de la ſuperficie, qui dans cet exemple eſt de trois arpens 97 perches.

PROBLÊME XV.

37. *Mesurer une figure irrégulière quelconque, accessible en dehors seulement.*

SOit la figure X accessible en dehors, comme seroit un étang, un bois isolé, &c. établissez une base (25.) A B, la plus longue qu'il soit possible; (1.) ce que vous connoîtrez en faisant le tour de la figure à mesurer; aux deux extrémités A & B, élevez les deux perpendiculaires A D & B C, (21.) que vous prolongerez jusqu'à ce que de l'extrêmité de l'une comme D, vous puissiez découvrir celle de l'autre en C, pour établir la droite D C, telle qu'elle se trouvera, même oblique, si elle ne peut être perpendiculaire sur les deux côtés paralléles A D & B C, sans trop s'écarter des sinuosités. Fig. 19. pl. 2.

Si elle est perpendiculaire, le cannevas A B C D sera un rectangle dans lequel vous aurez pour preuve, 1°. l'égalité des angles droits en D & en C, que vous vérifierez aussitôt avec l'équerre. 2°. L'égalité de chacun des côtés opposés qui doivent être égaux, savoir A B à D C, & A D à B C.

Mais si cette base D C est oblique, comme dans cet exemple, le cannevas sera un trapeze; mesurez premiérement ces quatre bases en entier, enfuite cherchez la diftance D C, comme fi elle étoit inacceffible (28.) en ajoutant le quarré de la différence des deux côtés paralléles à celui de la bafe A B, & en tirant la racine quarrée du total, qui doit fe trouver conforme à la mefure qui a été faite de l'oblique C D.

Secondement mefurez chaque bafe en détail avec les traverfes, en commençant toujours par la premiere lettre A, & en fuivant l'ordre alphabétique en B, C, D, &c. L'on vérifiera cette feconde mefure en additionnant ce détail au bout de chaque bafe dont on a déja les longueurs, & l'on en tiendra un état conforme au modéle fuivant.

TRAPEZE A B C D, dont les paralléles font A D & B C, & l'oblique C D.

BASE A B.		BASE B C.	
diftances,	perpend.	diftances,	perpend.
4 . .	2	5 . .	3
6 . .	1	4 . .	2
10 . .	3	5 . .	0
9 . .	1	3 . .	C
8 . .	5	17.	
11 . .	0		
48			

BASE CD.		BASE DA.	
distances,	perpend.	distances,	perpend.
5 . . .	0	16 . .	2
10 . . .	5	3 . . .	0
11 . . .	2	8 . .	A.
10 . . .	3		
13 0′3′	0	27	
49 0′3′			

Lorsqu'il n'y a ni sinuosités ni perpendiculaires aux extrêmités des bases, comme à celles de BC & DA, on y met les lettres initiales des bases suivantes; & lorsque l'on ne désigne point de perpendiculaires sur la gauche, elles sont réputées être toutes sur la droite des bases, en allant suivant l'ordre alphabétique.

CALCUL DE LA SUPERFICIE.

38. Il faut commencer par celle du cannevas qui étant un trapéze, se trouvera, en multipliant par la base A B la somme des deux côtés paralléles, ajoutés ensemble (32.) La moitié du produit qui dans cet exemple est de 10 arpens 56 perches, sera la superficie requise; ensuite on ôtera de cette somme celle de tous les petits trapézes & trian-

gles formés sur le terrein adjacent qui est emprunté ; le restant donnera la véritable superficie de la figure X. Je commence le modéle suivant par un petit rectangle, en imaginant une petite paralléle à la base A B, dans l'emprunt fait en A.

ÉTAT DES EMPRUNTS FAITS DANS LE TRAPÉZE ABCD = 10. 56.

BASE AB.

Rectangle.	8		106 5′
Trapéze.	9		
Idem.	20		
Idem.	18		
Idem.	24		
Triangle.	27	5′	

BASE BC.

Triangle.	7	5′	22 5′
Trapéze.	10		
Triangle.	5		

BASE CD.

Triangle.	7	5′	115 5′
Idem.	25		
Trapéze.	38	5	
Idem.	25		
Triangle.	19	5	

BASE DA.

Triangle. 16	}	31	
Idem. 3			
Idem. 12			
Total à fouſtraire.		275 5′	

Le cannevas contient. . .	10	56
Les emprunts.	2	75 5′
Reſte pour la figure X. .	7	80 5′

S'il y avoit des emprunts de deux eſpéces, c'eſt-à-dire en dedans comme en dehors, il faudroit les diſtinguer par une colonne, & après avoir ajouté ceux du dedans au cannevas, on ôteroit du total ceux du dehors.

Lorſque la figure à meſurer eſt auſſi acceſſible en dedans qu'en dehors, il vaut mieux former ſon rectangle ou trapeze intérieurement.

REMARQUES SUR L'USAGE DE L'ÉQUERRE.

39. Je crois à préſent que l'on pourra réſoudre toutes les queſtions problématiques qui ſont du reſſort de l'équerre, quoique je les borne aux cannevas quadrilatériques : il eſt vrai que l'on peut avec cet inſtrument meſurer une figure bien plus

composée, mais ce n'est pas sans défaut, sur-tout si elle est d'une certaine grandeur, à cause des emprunts trop considérables à faire, ou de la multitude de petites bases qu'il faudroit multiplier pour suivre de près les sinuosités d'une grande figure. C'est pourquoi je réserve ces opérations de grande étendue, à l'usage du graphométre que je donnerai, après avoir expliqué celui dont la boussole est susceptible.

USAGE DE LA BOUSSOLE.

PROBLÊME XVI.

40. *Connoître la déclinaison véritable de l'aiguille.*

LA déclinaison véritable & particuliere de l'aiguille consiste à s'écarter de l'axe du monde d'une certaine quantité de degrés, à l'orient ou à l'occident, en commençant par le nord. Depuis nombre d'années cette déclinaison est occidentale.

Elle se trouve facilement en mettant l'alidade de la boussole joignant une bonne méridienne, & en dirigeant le nord de l'instrument vers le pole septentrional. Quand l'aiguille est arrêtée dans cette position, le nombre de degrés marqués par la pointe qui désigne le nord, à commencer depuis la fleur de lys de l'instrument, est sa véritable déclinaison.

41. Il faut chercher cette déclinaison tous les ans au mois de Mars, & toutes les fois que l'on change de pays, car elle varie pour les lieux comme pour les tems. C'est sur cette véritable déclinaison que l'on doit orienter les plans pour y marquer une bonne méridienne.

PROBLÊME XVII.

42. *Prendre la déclinaison d'une ligne.*

SOit la ligne A B, dont il faut prendre la décli naison ; plantez le bâton d'arpenteur trois pouces à côté de cette ligne ; attachez le couvercle de l'instrument avec la douille, & posez ensuite votre boussole de niveau. Dirigez l'alidade dans l'alignement A B, le nord vers B ; quand l'aiguille sera fixée, sa pointe septentrionale marquera le nombre des dégrés de la déclinaison que je suppose dans cet exemple être de 45°. & par conséquent occidentale. (17e. défini.) Fig. 30. pl. 2.

PROBLÊME XVIII.

43. *Orienter un plan.*

PRenez la déclinaiſon d'une baſe (42.) ajoutez à cette déclinaiſon celle de l'aiguille, trouvée pour le tems & pour le lieu (40 & 41.) & vous aurez les degrés néceſſaires pour déterminer l'angle que cette baſe fait avec l'axe du monde.

EXEMPLE.

Soit la ligne *n m*, & ſa déclinaiſon occidentale de 24°. ajoutez la déclinaiſon particuliere de l'aiguille que je ſuppoſe être de 17°. vous aurez 41°. pour l'angle que cette baſe fait avec la vraie Méridienne qui doit être à ſa droite.

Fig. 31. pl. 2. Mais ſi la déclinaiſon de la ligne *m n* étoit orientale par exemple de 324°. après avoir ajouté les 17°. pour la déclinaiſon de l'aiguille, ôtez le total 341°. de 360°. pour avoir l'angle que cette baſe fait avec l'axe du monde, qui en ce cas ſera ſur ſa gauche.

44. Si à l'avenir la déclinaiſon de l'aiguille devenoit orientale, comme elle étoit en 1600, il la faudroit toujours ſouſtraire de la déclinaiſon des lignes, au lieu de l'ajouter.

PROBLÊME

PROBLÊME XIX.

45. *Mener dans un bois par un point donné, une perpendiculaire ou une paralléle à une ligne donnée.*

SOit la ligne A B, dont je suppose la déclinaison occidentale de 145°. tournez la boussole allant vers *n*, de façon que l'aiguille marque 90°. de moins, c'est-à-dire, 55°. transportez-vous au point donné C, & fixez votre boussole dirigée vers A, sur le même degré 55°. ensuite faites ouvrir la tranche C A par le rayon visuel de l'alidade, qui est nécessairement perpendiculaire à la ligne donnée A B. Fig. 3[illegible], pl. [illegible]

46. Si on vouloit mener une paralléle par le point donné, il suffiroit de diriger l'alidade du même sens, & sur le même degré de déclinaison de la ligne donnée.

Cette maniere de tracer des perpendiculaires dans les bois, est excellente pour dresser toutes les petites traverses qui doivent aboutir sur les sinuosités, & elle abrége beaucoup, de même que pour mener des routes de chasse paralléles à d'autres.

PROBLÊME XX.

47. Prendre l'angle formé par deux lignes droites sur le terrein.

CE problême a deux cas, parce que le même angle peut être saillant sur la droite ou sur la gauche.

I. CAS.

Fig. 33. pl. 2. Soit l'angle A saillant sur la gauche, & formé par les droites *m* A, & A *n*. Prenez leur déclinaison dans le même sens, c'est-à-dire de *m* en A, & de A en *n*; supposons la déclinaison de *m* A=120°. & celle de A *n*=50°. Otez la plus petite de la plus grande, le restant 110°. est le supplément de l'angle requis *m* A *n*, qui par conséquent sera de 70°.

II. CAS.

Fig. 34. pl. 2. Soit l'angle A saillant sur la droite, ou bien rentrant par rapport au premier, que la déclinaison *m* A=50°. & celle de A *n*=120°. changez les termes de place pour ôter le second qui est le plus grand, du premier qui est le plus petit. Le restant vous donnera également 110°. pour le ſupplément de l'angle A, qui ſera de 70°. comme ci-devant.

48. Il ſuit delà 1°. que l'angle requis eſt ſaillant ſur la gauche toutes les fois que les deux déclinaiſons priſes dans le même ſens vont du plus au moins, & que la ſouſtraction ſe fait dans l'ordre naturel comme dans le premier cas. 2°. Que l'angle requis eſt ſaillant ſur la droite, ou bien rentrant par rapport au premier, toutes les fois que les déclinaiſons priſes dans le même ſens vont du moins au plus, & qu'il faut changer les termes de place pour en faire la ſouſtraction.

49. Il n'y a en cela qu'une petite difficulté; c'eſt lorſque dans une poſition l'aiguille ſe trouve à gauche du nord, & dans l'autre à droite, comme ſi l'aiguille marquoit d'abord 356°. & qu'enſuite elle marquât 16°. en ce cas ajoutez 360°. aux 16°. & de la ſomme 376°. ôtez les 356°. le reſtant 20°. ſera le ſupplément de l'angle requis, qui ſe trouve par conſéquent de 160°. & ſaillant ſur la droite, comme dans le 2e cas de ce Problême, parce que le premier terme 356°. eſt plus petit que le deuxiéme 16°. augmenté de 360°. c'eſt-à-dire 376°.

Au contraire ſi l'aiguille marquoit d'abord 16°. & enſuite 356°. l'angle requis ſeroit ſaillant à gauche, parce que le premier terme augmenté de 360°. est plus grand que le deuxiéme 356°. comme dans le premier cas de ce problême. Cette difficulté arrive toutes les fois que la soustraction donne plus de 180°.

OBSERVATIONS SUR L'USAGE DE LA BOUSSOLE.

50. Cet instrument ne peut jamais servir seul dans des opérations qui demandent la rigueur du calcul, comme sont celles de l'arpentage. 1°. Parce que l'on ne peut prendre les fractions de degrés que par estimation de tiers, quart, ou moitié, à cause du petit diamétre du cercle qui doit être conforme à la longueur de l'aiguille. 2°. Le moindre obstacle qui se présente, tel que des minéraux en terre, ou le voisinage d'une forge, suffit pour déranger sa direction. 3°. On ne peut s'appercevoir si le pivot est émoussé, que lorsqu'il diminue la vibration de l'aiguille d'une maniere sensible.

C'est pourquoi je n'ai rapporté que les Problêmes convenables & suffisans pour les opérations non exemptes de scrupules, ou sujettes à vérification. Il n'en est pas ainsi du Graphométre dont je vais donner un usage bien plus étendu.

USAGE DU GRAPHOMETRE.

PROBLÊME XXI.

51. *Prendre la valeur d'un angle ; 1°. en plaine ; 2°. dans un côteau ; 3°. dans l'éloignement ; 4°. ſans être au centre ; 5°. élevé à l'horiſon.*

I. Cas, *en plaine.*

SOit l'angle A B C, mettez le bâton d'Arpenteur ou le trépied au point A, dans la ſection des deux plans verticaux des lignes A B & A C ; poſez enſuite votre inſtrument de niveau, & dirigez le rayon viſuel *m n* de l'alidade immobile ſur une des deux lignes comme A B, avant de ſerrer la vis de la genouilliere ; après quoi tournez l'alidade mobile O Q, de façon qu'elle ſoit fixée ſur l'alignement de l'autre ligne A C, & comptez les degrés compris dans l'arc *n q*. Fig. 75. pl. 2.

Si la fleur de lys marque quelque choſe audelà du dernier degré, voyez quelle eſt la diviſion la plus prochaine des petites parties de l'alidade, qui tombe préciſément ſur un des degrés ſuivants ; elle déſignera le nombre de minutes que cet angle contient par-delà celui des degrés.

Après avoir écrit cet angle avant de déranger l'inſtrument, voyez de nouveau ſi les deux rayons viſuels ſe rapportent exactement aux deux lignes qui forment l'angle, & vérifiez ſi vous l'avez écrit correctement, afin d'être aſſuré que les alidades n'ont point été dérangées par le chapeau ou autrement.

II. CAS, *dans un côteau.*

52. Malgré le ſoin que l'on doit avoir de ne point placer d'angles dans les côteaux, il arrive quelquefois que l'on y eſt obligé, ſurtout lorſqu'ils ſont formés par les premiere & derniere baſes d'un cannevas. En ce cas il faut diminuer peu à peu la groſſeur & la hauteur des jallons aux extrémités des deux lignes (5.) au point d'interſection vous poſerez l'inſtrument horiſontalement ſur le gaſon que vous éléverez un peu pour avoir la facilité d'aligner, en vous baiſſant, les rayons viſuels des alidades ſur les deux baſes, & enſuite prendre l'angle comme il eſt enſeigné ci-devant.

III. CAS, *dans l'éloignement.*

Fig. 36. pl. 2. 53. Soit l'angle B A C formé par deux clochers éloignés, & le ſignal A; faites planter dans l'alignement A B près de ce ſignal, deux jallons *m*

& *n*, (8.) de même que deux autres *o* & *p*, dans celui de A C; prenez ensuite l'angle *p* A *n*. (51.)

Cette petite invention est fort utile pour suppléer aux lunettes d'approche, & elle est d'autant plus nécessaire, que le rayon visuel passant par celui de l'alidade, diminue considérablement les objets.

IV. CAS, *sans être au centre.*

54. Soit l'angle A B C dont le centre B tombe précisément dans une riviere, une mare, &c. sur une des deux bases à volonté, comme B C; prenez un point *m* d'où imaginant la droite *m* A, vous prendrez l'angle C *m* A; (51.) mesurez ensuite la petite distance inaccessible B *m*, (26.) & faites l'analogie suivante : Fig. 39. Pl. 3.

comme le côté A B
est au sinus de B *m* A, supplément de A *m* C;
ainsi le petit côté B *m*
est au sinus de B A *m*, que vous ôterez de l'angle A *m* C
pour avoir l'angle requis A B C.

Ce quatriéme cas ne peut guères avoir lieu dans les bois que pour le dernier angle d'un canevas; c'est pourquoi il faut, si on le peut, avoir l'attention de placer les premiere & derniere bases de façon que l'une des deux soit totalement en plaine, afin de pouvoir découvrir une extrêmité comme A; cette difficulté se rencontre plus souvent dans les clochers, au centre desquels il n'est point aisé de placer le graphometre pour mieux profiter des ouvertures.

V. CAS, *un angle élevé à l'horison.*

Fig. 58. Pl. 3. 55. Soit l'angle B A C élevé à l'horison, & formé par le côteau A C; posez le graphometre au pied du côteau dans l'alignement A D; ajustez le verticalement sur son genouil au moyen de la ligne de plomb qui est au revers, dans le plan de la ligne A D; ensuite élevez l'alidade mobile jusqu'à ce que vous découvriez par son rayon visuel le sommet du jallon C qui est au haut du côteau, l'arc *m n* donnera la quantité de degrés que cet angle contient.

Si on veut prendre cet angle de la hauteur en C, il faut diriger l'alidade immobile sur la continuation *o t* de l'alignement D A C, & aligner l'autre alidade mobile sur C A; on aura l'angle *p c o* opposé au sommet à l'angle *f* C A=B A C angle d'inclinaison. (deff. 14.)

OBSERVATIONS.

56. L'on ne sauroit prendre trop de précautions

pour mesurer les angles sur le terrein ; c'est pourquoi je vais en marquer les défauts les plus essentiels.

L'angle horisontal doit être formé par la section du plan horisontal avec les plans verticaux des deux lignes qui le composent au point de leur intersection, & pour peu que cette section soit inclinée, il se fait une erreur double.

EXEMPLE.

Soient A B & C D les deux plans verticaux des lignes qui composent l'angle à mesurer, & A C le plan horisontal, *n* le centre du graphometre, & *o n* le plan instrumental incliné à l'horison ; il est évident que les deux sections des plans verticaux avec le plan instrumental se feront en *o* & en *m*, & *n m* surpassera autant *n c*, que *n o* surpassera *n* A ; l'angle sera ouvert doublement, & par conséquent beaucoup plus grand qu'il ne doit être, étant pris dans la section horisontale A C. Fig. 3. pl. 3.

Mais si l'instrument étant toujours en *n*, baissoit de façon que son plan pût être représenté par la paralléle *m r*, c'est-à-dire que les rayons visuels *n r* & *n c* plongeassent également en *r* & en *m*, il arriveroit au contraire que la mesure feroit beaucoup moindre que celle qui se prendroit à l'horison A C, parce qu'alors cet angle plan seroit partie de l'angle solide que l'on pourroit former au point *n*. (prop. 21 du 11e liv. d'Euclide.)

Cet exemple prouve la nécessité de porter avec soi un petit niveau, pour déterminer la position horisontale de l'instrument, & fait voir en même tems combien il faut d'attention pour ne pas tomber dans des erreurs grossieres : je puis assurer que c'est la plus grande difficulté de toutes celles qui se rencontrent dans la pratique. Il est très-facile de se tromper, comme on a vû, de cinq & dix minutes par angle ; & cette erreur répétée dans une vingtaine plus ou moins, donne un surplus qui désole la bonne foi peu lumineuse d'un Arpenteur ; aussi en ai-je vû qui ne prenoient jamais le dernier angle d'une figure ; ils se contentoient de le former sur le papier par la section des premiere & derniere bases ; ils avoient le talent par ce moyen d'éviter la confusion secrette de ne pouvoir rapporter & confronter leurs angles aux mesures. Je les invite ces sectionneurs & tout autre à prendre les précautions qu'une pratique théorique enseigne ; ils auront autant de satisfaction que de facilité à connoître les erreurs sans en douter, à les corriger sans rougir, & à former une figure sans erreur considérable.

PROBLÊME XXII.

57. *Connoître la distance de deux clochers.*

Soit la distance A B des deux clochers A & B ; cherchez entre ces deux objets dans le terrein le plus uni, comme seroit une prairie, le point C de l'alignement A B (8.) auquel vous éleverez la perpendiculaire C D (21.) que vous mesurerez exactement ; (14.) ensuite du point D prenez les angles C D B & C D A, (51.) & faites les analogies suivantes. Fig. 40. pl. 3.

I.

Le sinus de l'angle D A C complément de C D A
est à la base D C mesurée,
ainsi le sinus de l'angle pris A D C
est au côté A C.

II.

Le sinus de l'angle C B D complément de C D B
est à la base D C ;
ainsi le sinus de l'angle pris C D B
est au côté C D que vous ajouterez avec le côté A C
pour avoir la base entiere A D.

AUTREMENT.

58. Etablissez une base A B perpendiculaire- Fig. 41. pl. 3.

ment ſur le rayon viſuel d'un des deux objets comme A C ; prenez les angles A B D, A B C & D A B ; prolongez A B juſqu'à la rencontre de la perpendiculaire D *m* que vous imaginerez pour le calcul. Vous connoîtrez D B en diſant dans le triangle A B D :

Comme le ſinus de l'angle A B D
eſt à la baſe A B ;
ainſi le ſinus de l'angle D A B
eſt au côté requis D B.

Vous aurez le côté A C en diſant dans le triangle A B C,

Comme le ſinus de l'angle A C B
eſt à la baſe A B ;
ainſi le ſinus de l'angle C B A
eſt au côté requis A C.

Vous calculerez enſuite la prolongation B *m* de la baſe, & la perpendiculaire D *m*, en diſant dans le triangle rectangle B D *m* :

Le ſinus total
eſt au côté D B

comme le ſin. de l'ang. B D *m*	comme le ſin. de l'ang. D B *m*
eſt à B *m*.	eſt à la perpend. D *m*.

Ajoutez B *m* à la baſe A B pour avoir le côté

A *m* du trapeze A C D *m*, dont vous avez calculé les deux côtés paralléles A C & D *m*, ainſi vous aurez facilement le quatriéme côté oblique C D. (28.)

AUTREMENT.

59. Choiſiſſez à volonté un point comme C dans la prolongation de l'alignement des deux clochers ou objets A & B; élevez la perpendiculaire C D la plus longue qu'il ſoit poſſible pour éviter la trop grande obliquité de l'angle C B D; meſurez-la exactement à ſon extrêmité D; prenez les deux angles B D C & A D C, vous connoîtrez la ligne B C & ſa partie A C, en diſant : Fig. 42. Pl. 3.

Le ſinus total
eſt à la baſe C D

comme la tangente de C D B	comme la tangente de C D A
eſt au côté C B	eſt au côté C A

ôtez C A de C B, il reſtera la diſtance requiſe A B.

On pourroit réſoudre ce problême par d'autres analogies; mais il faut toujours préférer celles où le ſinus total peut entrer, tant parce que cela ſera mieux, que parce que l'opération eſt beaucoup plus courte & évite une ſouſtraction & une addition, ou une multiplication & diviſion, ſi on ne ſe ſert pas des logarithmes.

PROBLÊME XXIII.

60. *Mesurer une hauteur inaccessible.*

Fig. 38. pl. 3. SOit la hauteur CB du côteau CA. Prenez l'angle vertical CAB, (55.) & mesurez la rampe CA, vous connoîtrez la hauteur requise CB, & même la base du côteau AB en disant :

Comme le sinus total
est à la rampe AC,
ainsi

le sinus de l'angle CAB	le sinus de l'angle BCA
est à la hauteur CB	est à la base AB.

AUTREMENT.

Fig. 43. pl. 3. 61. Soit la hauteur AB à mesurer. Prenez un point comme *n* à volonté, de façon que A*n* soit de niveau ; ensuite prenez l'angle vertical BC*m*, & mesurez A*n* & A*m*, vous aurez B*m* en disant :

Comme la tangente de l'angle B
est au côté C*m* = A*n*,
ainsi le sinus total
est à la hauteur B*m*, à laquelle vous ajouterez A*m* pour avoir la hauteur totale AB.

Si le rez de chaussée A*n* ne peut se trouver de

niveau, vous pourrez toujours connoître C *m* très-exactement comme il suit ; ôtez le quarré de la différence des deux côtés A *m* & C *n* du quarré de l'oblique A *n* ; la racine quarrée du restant donnera la longueur C *m*.

PROBLÊME XXIV.

62. *Mener une ligne paralléle à une autre inaccessible, par un point donné.*

SOit la ligne A B inaccessible & le point C donné ; imaginez les deux lignes C A & C B formant l'angle A C B, que vous prendrez exactement tel qu'il se trouvera ; cherchez ensuite un point tel que E, duquel vous puissiez faire l'angle A E B égal à l'angle A C B ; menez la droite C E, & enfin faites l'angle B C D égal à l'angle A E C ; la ligne C D sera la paralléle requise à A B. Je vais en donner la démonstration. Fig. 44. pl. 3.

DÉMONSTRATION.

L'angle A C B étant égal par construction à l'angle A E B, & s'appuyant sur la même corde A B, est dans la circonférence d'un cercle qui passe par les quatre points B A C & E (21 du 3e Euclid.) tracez ce cercle : l'angle A B C étant à la circonférence en B, & s'appuyant ſur la corde A C, eſt égal à l'angle A E C, qui eſt à la même circonférence, & s'appuie ſur la même corde A C; ce même angle A E C eſt auſſi égal par conſtruction à l'angle B C D, qui par conſéquent l'eſt auſſi à ſon alterne interne A B C, & rend les deux lignes A B & C D paralléles. (29. du 1. liv. Euclid.)

PROBLÊME XXV.

63. *Connoiſſant la poſition de trois objets, & étant à un ſeul point d'où on puiſſe les découvrir, trouver par une ſeule ſtation la diſtance de ce point à chacun de ces objets.*

Ce problême contient deux poſitions differentes : la premiere peut être en dedans du triangle formé par ces trois objets, & la ſeconde peut être en dehors.

Iᵉ Position, *en dedans du triangle.*

Fig. 45. Pl. 3. Soient B C, D B & D C les trois côtés du triangle connu, la ſtation en dedans ſoit en A; de ce point obſervez les angles D A C & D A B, en imaginant les droites A B, A D & A C, vous trouverez le centre d'un cercle qui paſſe par les trois points D, A & C, en diſant :

comme

comme le sinus du supplément de l'angle D A C
est à la moitié du côté D C ;
ainsi le sinus total
est au rayon du cercle requis.

Prenez ce rayon, & des points C & D faites une section en F qui sera le centre de l'arc C A D que vous décrirez : cherchez encore le centre d'un autre cercle qui doit passer par les trois points B A & D, en disant :

Le sinus du supplément de l'angle B A D
est à la moitié du côté B D,
comme le sinus total
est au rayon requis.

Formez avec ce rayon des points B & D, une section en E, qui sera le centre d'un cercle qui passera par les trois points B A & D ; la section de ces deux cercles en A donnera le vrai point de la station ; tirez du centre F, sur le côté D C, la perpendiculaire F G.

DÉMONSTRATION.

L'angle C A D observé en A étant à la circonférence du cercle C A D, a pour mesure la moitié de l'arc C *m* D sur lequel il s'appuie; la moitié de l'arc C A D restant du cercle, est le supplément de cet angle, & la mesure de l'angle C F G ou G F D qui est au centre. Ainsi on connoît tous les angles du triangle rectangle G F D; le côté C D connu est partagé en deux également par la perpendiculaire F G; on aura donc la proportion suivante.

Le sinus G F D supplément de D A C
est au côté G D moitié de D C,
comme le sinus total D G F
est au rayon D F *c q f d.*

La même chose se démontre pour le rayon du deuxiéme cercle B A D, en tirant la perpendiculaire E H du centre E sur le côté B D.

64. Si on veut trouver trigonométriquement toutes les distances A B, A D, & A C, tracez les rayons A E & A F avec la droite E F d'un centre à l'autre. Cette ligne sera perpendiculaire sur A D, puisqu'elle passe par deux points E & F, également distans de ses deux extrêmités A & D; elle partagera la corde & l'arc A D en deux parties égales, de même que les angles A F D & A E D. Dans le triangle D E F on connoît les deux côtés formés des deux differens rayons E D & F D,

avec l'angle compris E D F, composé de l'angle donné BDC, & des deux autres angles H D E & G D F, connus dans les triangles rectangles G F D & H E D; ainsi on pourra connoître la valeur des angles D F N & D E N en disant :

Comme la somme des deux côtés E D & D F
est à leur différence,
ainsi la tangente de la moitié de la somme des deux angles
est à la tangente de la moitié de leur différence.

Ajoutez cette moitié de différence à la moitié de la somme des deux angles, & vous aurez le plus grand angle opposé au plus grand côté ; il sera facile ensuite de connoître D N moitié de D A, en disant dans le triangle rectangle D F N ;

Comme le sinus total
est au rayon ou côté D F,
ainsi le sinus de l'angle calculé N F D
est à D N moitié du côté D A.

Dans le triangle A C D on connoit les deux côtés A D & D C, & l'angle observé D A C avec l'angle A C D qui est égal à l'angle N F D. (20e du 3e liv. d'Euclid.) il sera facile de connoître le côté A C par une ſeule analogie ; de même dans le triangle A B D on connoît les deux côtés A D & D B, l'angle D A B obſervé en A, & l'angle A B D qui eſt égal à l'angle D E N ; on aura aiſément le troiſiéme côté A B.

IIe Partie du Problême XXV.

Fig. 46. pl. 3. 65. Soit le triangle A B C & le point d'obſervation D hors du triangle ; obſervez de ce point D les deux angles A D C & A D B, vous trouverez le rayon d'un cercle qui doit paſſer par les trois points D B & A, en diſant :

Comme le ſinus de l'angle A D B obſervé
eſt à la moitié du côté oppoſé A B,
ainſi le ſinus total
eſt au rayon requis.

Des points A & B de l'ouverture du rayon trouvé, tracez le centre F d'un cercle qui paſſera par les trois points A B & D ; cherchez encore le rayon d'un cercle qui doit paſſer par les trois autres points A C & D, en diſant :

Comme le sinus de l'angle A D C observé
est à la moitié du côté opposé A C,
ainsi le sinus total
est au rayon requis.

Des points A & C & de l'ouverture du rayon; déterminez le centre E du cercle qui passera par les trois points A C & D, la section de ce cercle avec le premier fixera le point D de la station.

La démonstration se rapporte à la précédente; en tirant les perpendiculaires E G & F H, l'angle A E G qui est au centre est égal à l'angle A D C qui est à la circonférence, & s'appuie sur le même arc; ainsi on connoît les angles du triangle rectangle A E G, & le côté A G moitié de A C (prop. 3. du 3e liv. d'Euclid.) d'où l'on tire l'analogie suivante :

Sin. A E G = A D C : A G :: sin. total : A E.

66. Si l'on veut calculer trigonométriquement les trois distances D B, B A & D C, tirez la ligne E F d'un centre à l'autre, elle partagera la distance A D en deux également; ôtez de l'angle connu B A C l'angle H A F, complément de l'angle pris B D A qui est égal à H F A, l'on aura l'angle F A C; ôtez encore du même angle B A C l'angle E A C, complément de l'angle ADC = AEG ; il restera l'angle EAB que vous ajouterez avec FAC pour ôter de nouveau leur somme de l'angle BAC pour avoir l'angle EAF compris sous les deux rayons EA & AF, au moyen de quoi on connoîtra les autres angles du triangle EAF ; l'on pourra calculer ensuite le côté A *m* moitié de AD, en disant dans le triangle rectangle AF *m* ;

Comme le sinus total
est au rayon AF,
ainsi le sinus de l'angle AF *m*
est au côté A *m* moitié de la distance AD.

Cette distance étant une fois connue, il ne reste plus de difficulté pour les deux autres DB & DC.

Quoique ce Problême ne paroisse au premier coup d'œil que curieux, il est néanmoins quelquefois utile ; par exemple, il est très-propre à lier de petites bases avec de grands triangles d'un canevas considérable, sans être obligé d'établir des signaux dans les points de l'observation*; d'ailleurs il est très-propre à rompre & à accoutumer un jeune Géométre dans la connoissance trigonométrique du calcul des angles.

PROBLÊME XXVI.

67. *Lever la carte d'un pays.*

ETabliſſez d'abord une baſe avec des ſignaux ſur les lieux les plus élevés ; 2°. Obſervez les angles que les poſitions particulières de chaque objet font avec cette baſe tant à droite qu'à gauche ; 3°. Meſurez cette baſe, ou la diſtance d'un clocher à un autre, comme il eſt enſeigné ; (57.) 4°. Prenez les troiſiémes angles des triangles autant qu'il ſera poſſible en montant dans les clochers ; 5°. Meſurez encore d'autres diſtances de clocher à clocher pour vérifier les calculs faits d'après la première meſure.

EXEMPLE.

Soit la baſe A B faite avec des ſignaux en A & en B, écrivez les angles à meſure que vous les obſerverez, comme dans le modéle ſuivant. Fig. 47. pl. 3.

BASE AB.

PREMIERE STATION EN A; LE SIGNAL A FROMY.

à droite.			à gauche.		
La Vignette.	23°	10′	Olizy. . .	15°	0′
Moulin. .	28	10	L'Afferté. . .	19	10
Villy. . .	32	7	Lamouilly. .	32	40
Sailly. . .	55	10	S. Vualfroy.	54	9
Blaguy. . .	68	10	Margu. . .	70	4
Linay. . .	71	25			
S. Montilleul.	76	0			

DEUXIÉME STATION EN B; LE SIGNAL A LA CROTTE.

Margu. . .	24	5	Villy. . .	20	30
L'Afferté. . .	27	30	Linay. . .	36	30
S. Vualfroy.	44	0	Moulin. . .	52	0
Lamouilly. .	86	0	S. Montilleul.	57	30
Olizy. . .	113	0	Blagny. . .	59	0
			Sailly. . .	72	0
			La Vignette.	84	0

Vous tiendrez encore un état à part des triangles dont vous aurez pris les trois angles, comme il suit :

ÉTAT DES TRIANGLES,

Villy. . . .	127° 23
S. Fromy. . .	32 7
S. Lacrotte. .	20 30
	180

& vous calculerez ensuite toutes les distances de chaque objet aux extrémités de la base A B.

68. Pour construire la carte géographique exactement, il faut calculer de nouveau la perpendiculaire de chaque objet sur la base, avec la distance de perpendiculaire sur cette même base ; un seul exemple suffit : de l'objet M abaissez la perpendiculaire M N, vous connoîtrez cette perpendiculaire & sa distance A N sur la base, en disant :

Comme le sinus total
est au côté A M, ainsi

Le sinus M A N	Le sinus N M A
est à la perpendicul. M N.	est à la distance A N.

Prenez cette distance A N sur l'échelle avec le compas, & du point N élevez la perpendiculaire N M dont l'extrêmité M donnera la position précise de l'objet ; il est facile d'appliquer cette méthode à toutes les autres positions.

PROBLÊME XXVII.

69. Trouver la position des objets par des perpendiculaires à la méridienne.

Fig. 48. pl. 3. SOit A B la base ; cherchez avec la boussole (43.) ou autrement l'angle C A B, & tracez la méridienne A C. (68.)

Soit l'objet D dont on connoisse la distance A D & l'angle D A B avec la base A B. (67.) Abaissez la perpendiculaire D E sur la méridienne A C : ôtez ensuite l'angle C A B fait par la méridienne avec la base de l'angle D A B que l'on a observé, & vous aurez l'angle D A C, dont le complément est l'angle A D E ; il sera facile de connoître la perpendiculaire D E & la distance A E en disant :

Le sinus total
est au côté A D comme

le sinus de l'angle D A E | le sinus de l'angle A D E
est à la perpend. D E. | est à la distance A E.

L'on peut appliquer cet exemple à toutes sortes de positions & tenir un état de toutes ces longueurs conforme au modéle suivant :

MÉRIDIENNE DE MONTFAUCON, COLL.

Noms des lieux.	Perpendiculaires.	Distances de perpend.
NORD-OUEST.		
Romagne. . .	2172 toif. $\frac{1}{3}$ . .	3390 toif. $\frac{2}{3}$
NORD-EST.		
Q, fur le puid. .	5712 $\frac{1}{2}$ . .	5840 $\frac{2}{3}$
Dun.	1659 $\frac{1}{2}$ . .	6485 $\frac{1}{6}$
S. Germain. . .	4160 $\frac{1}{6}$ . .	7829
SUD-OUEST.		
Vaucoy. . . .	2692 $\frac{1}{6}$ . .	3878
Clermont. . .	2774 $\frac{1}{2}$ . .	9974 $\frac{5}{6}$

Il eſt aiſé avec un pareil état de conſtruire une carte exactement, en traçant d'abord une grande ligne qui repréſentera la méridienne, prenant les diſtances de chaque perpendiculaire de la droite & de la gauche du nord & du ſud, & élevant à chaque point des perpendiculaires dont les extrêmités fixeront la poſition des objets.

EXEMPLE.

Soit AB la méridienne, A le nord, & B le ſud, & que l'on veuille marquer la poſition de Fig. 49. pl. 3.

Romagne ; prenez la diſtance $3390\frac{2}{3}$; portez-la depuis le point qui déſigne le lieu où paſſe cette méridienne vers le nord en *m* ; à ce point *m* vers l'oueſt élevez la perpendiculaire *m n* ; portez ſur cette perpendiculaire la longueur $2172\frac{1}{3}$ dont l'extrêmité *n* ſera la véritable poſition de l'objet requis.

Je ſçais que la méthode que j'ai donnée de trouver une méridienne avec la bouſſole n'eſt point aſſez ſolide & exacte pour des opérations de cette nature ; mais ce ſeroit ſortir du plan de cet ouvrage que d'en donner une autre qui dépend de la gnomonique ; j'abandonne à ceux qui voudront étendre leurs connoiſſances le ſoin de s'en inſtruire dans les bons Traités que nous avons de cette partie ; je ne me ſouviens pas d'en avoir vu de meilleur que celui de M. Deparcieux, de l'Académie Royale des Sciences ; on y trouveroit en même tems un Traité de trigonométrie rectiligne, & les tables des logarithmes des nombres naturels depuis l'unité juſqu'à 20000.

L'ARPENTEUR FORESTIER.

DEUXIÉME PARTIE,

Contenant un Traité de limites, d'arpentage, & de réglemens des bois.

DES LIMITES.

Observations préliminaires.

I. Avant de procéder à l'arpentage des bois, il est nécessaire non-seulement de connoître, mais encore d'éclaircir toutes les difficultés que leurs différentes limites produisent. Les propriétaires ou leurs représentans doivent les indiquer exactement à l'arpenteur, & employer tous les moyens possibles de terminer à l'amiable avec les limitrophes les différends qui pourroient exister pour le rétablissement de bornes ou fossés que leur vétusté rendroit équivoques.

2. Les bois sont ordinairement séparés par des limites de plusieurs espéces ; les unes sont représentées par des fossés, des bornes, des layes ; les autres par des chemins, des ruisseaux, des lizières doubles & simples, des accrues, &c. C'est pourquoi je vais les détailler les unes après les autres, après avoir prouvé la liberté de se limiter soi-même, à l'exception des cas notoirement litigieux.

3. Cette liberté est appuyée sur le principe de droit si conforme à l'équité naturelle par lequel il est permis de faire de son bien ce que l'on veut ; c'est dans cet esprit que l'ordonnance des Eaux & Forêts de 1669, en obligeant par l'article 4 du tit. 27 tous les riverains possédant bois de se fossoyer eux-mêmes, ne leur impose point la dure & dispendieuse nécessité de le faire juridiquement & contradictoirement ; si le Roi a laissé subsister cette facilité entre lui & ses sujets, elle existe à plus forte raison de particulier à particulier.

La voye du bornement juridique ne doit être employée que pour réprimer l'avidité d'un propriétaire qui tenteroit d'ufurper fur la poffeffion de fon riverain; c'eft le feul cas dans lequel il n'eft plus permis de fe rendre juftice foi-même, & qui oblige à recourir aux voyes judiciaires.

DES FOSSÉS.

4. L'Article 4. du titre 27 de l'Ordonnance des Eaux & Forêts cité ci-deffus, dit: « tous les rive- » rains poffédant bois joignant nos forêts & buif- » fons feront tenus de les féparer des nôtres par » des foffés ayant quatre pieds de largeur, & cinq » pieds de profondeur (apparemment berge com- » prife) qu'ils entretiendront en cet état fous » peine de réunion ». Depuis cette Ordonnance, on a fait entourer les bois domaniaux de foffés femblables; il feroit à defirer que les particuliers euffent tous fait de même; c'eft la meilleure féparation que l'on puiffe établir; car quand même un foffé ne feroit point entretenu pendant 80 ans, la continuité de fon alignement que la doffe feroit aifément appercevoir, fuffiroit pour en reconnoître toutes les finuofités.

5. Il y en a qui, pour éviter une dépenfe confidérable, fe contentent d'établir à chaque finuofité deux portions de foffés de deux toifes chacune,

pour désigner l'angle de retour ; cette méthode est bonne & préférable aux bornes, comme on le verra ci-après ; elle enseigne la direction des côtés de chaque angle, & donne une grande facilité pour établir la ligne droite de séparation de l'un à l'autre.

EXEMPLE.

Fig. 1. pl. 4. Soit la limite A B à tracer entre les deux fossés A & B qui séparent deux bois contigus ; prenez avec la boussole la déclinaison du fossé A *m*, (1. P. 42.) transportez-vous en B, & vérifiez si la déclinaison B *n* est la même étant prise dans le même sens que celle de A *m* ; ensuite faites ouvrir du point B un filet qui étant prolongé doit tomber en A ; s'il s'en éloigne considérablement, vous établirez la laye A B, comme il a été expliqué (1. P. 24.) avec l'équerre.

Fig. 2. pl. 4. Lorsque des bois contigus ont le même âge, il est très-difficile de retrouver aisément toutes les sinuosités qui les séparent, & il n'est pas étonnant de méconnoître la position d'un fossé ; en ce cas l'on ne peut se tromper avec la boussole. Par exemple, soit le fossé *x* inconnu, & que l'on voulût retrouver, afin de tracer la séparation ancienne A *x* B ; en ce cas la déclinaison A *n* différera sensiblement

ſenſiblement de la déclinaiſon B m; l'on prolongera les deux allignemens A n & B m, juſqu'à ce que leur ſection ſe faſſe vers x; ſi elle ne tombe pas préciſement ſur le foſſé x, il ſera facile de le chercher, & après l'avoir trouvé, l'on établira les layes A x & B x. (1. P. 24.)

DE LA PROPRIÉTÉ DES FOSSÉS ET DES ARBRES QU'ILS CONTIENNENT.

6. Il eſt de toute notoriété que la propriété d'un foſſé appartient à celui ſur le terrein duquel ſe trouve la doſſe des terres, (déf. 29.) ou la berge. Quand il y a deux berges, c'eſt-à-dire que la jettée des terres s'eſt faite de part & d'autre ; le foſſé eſt mitoyen, & c'eſt le milieu qui déſigne la véritable ſéparation du terrein.

Quand ces foſſés ſont bien entretenus, il y arrive rarement des différends ; mais quands ils ſont vieux, en partie recomblés, & ſurtout garnis de futaye, alors ils excitent l'avidité des tenans, & occaſionnent de fortes conteſtations ; le ſeul moyen de les diſſiper eſt d'apprécier la largeur conformément à celle de l'ordonnance qui eſt de quatre pieds.

EXEMPLE.

Soit le foſſé A B preſqu'entiérement comblé, il faut prendre une meſure de quatre pieds, & la porter depuis le défaut de la berge qui répond au rez de chauſſée A B C, c'eſt-à-dire du point A au point B qui doit fixer ſa largeur telle qu'elle a été établie anciennement, à moins qu'il n'y eût des procès-verbaux faits entre les parties ou leurs auteurs, qui ayent fixé une largeur différente qui en ce cas doit ſervir d'étalon; ſi le foſſé étoit commun, il ſuffiroit de prendre le milieu de la diſtance qui ſe trouveroit entre le ſommet des deux berges.

Fig. 5. Pl. 4.

7. Il n'eſt pas douteux que la propriété des arbres ſitués tant ſur la berge que dans le foſſé ne ſoit à celui à qui eſt le foſſé; la difficulté qui ſe rencontre aſſez ſouvent conſiſte à ſavoir ſi un gros arbre dont la ſouche tient d'un quart, d'un tiers, ou de quelques pouces au foſſé, doit être partagé; car l'appréciation de la largeur d'un vieux foſſé eſt toujours incertaine à quelques pouces près, telle précaution que l'on prenne, & d'ailleurs quand elle ſeroit aſſurée, il ſeroit toujours dur de perdre la moitié de beaux arbres pour ſi petit emprunt.

Il me ſemble que le meilleur moyen de trancher toutes ces diſcuſſions déſavantageuſes aux propriétaires, eſt de ne reconnoître la poſition d'aucun arbre que par celle de ſon centre priſe perpendiculairement ſur la ſouche ; je crois que l'on éviteroit par-là toute difficulté ; 1°. Parce que ces arbres ne proviennent que de baliveaux marqués à peu de diſtance des foſſés, dont ils n'occupent une portion que par l'augmentation de leur corps. 2°. Parce que les brins de l'âge qui ſe trouveroient ſeuls à acquérir, ne méritent pas les frais qu'une recherche trop ſcrupuleuſe occaſionneroit. Je ne penſe pas qu'il y ait des propriétaires aſſez peu attentifs pour laiſſer ſubſiſter des cordons joignant des foſſés de ſéparation ; ce ſeroit s'expoſer à la chicane que l'artifice des riverains proceſſifs pourroit inventer.

DES BORNES.

8. Il n'eſt guères de limites plus défectueuſes dans les forêts que des bornes, ſur-tout celles qui ont été plantées du tems de nos peres ; la ſimplicité de leur bonne foi, & leur peu de prévoyance, joints à la médiocre valeur des bois, en ont été vraiſemblablement la raiſon.

Jadis on prenoit la premiere pierre qui se trouvoit à portée ; on la plaçoit en présence des parties dont la parole servoit de Notaire ; dans la succession des tems on a accompagné les bornes de témoins muets, pour les distinguer d'autres pierres semblables que la nature pouvoit produire : ces témoins étoient ordinairement deux morceaux d'une seule pierre plate rompue, que l'on mettoit au pied de la borne, l'un d'un côté & l'autre de l'autre ; quelquefois c'étoient des morceaux de tuile, de briques, de charbon & d'ardoises. Ils servoient à prouver que la pierre qu'ils escortoient n'étoient point venue d'elle-même, & qu'elle étoit véritablement borne. Depuis on a été obligé de tailler les pierres que l'on destinoit à être bornes, d'y faire graver les armoiries des Seigneurs, de dresser des procès-verbaux d'abornement entre les parties, dans lesquels on expliquoit les témoins muets, la qualité de la pierre, la figure, & les distances respectives ; mais toutes ces précautions ne peuvent suffire pour rendre solide une limite qui de sa nature est défectueuse. Je le prouve.

1°. La borne ne peut enseigner qu'une direction par elle-même, & l'inclinaison qu'elle prend en s'affaissant la détruit. 2°. Si on trace sur son replat un angle conforme à la sinuosité qu'elle représente, il est au plutôt effacé par les gardes-bestiaux qui les creusent en forme de bénitier, & par les ouvriers des ventes qui s'en servent pour aiguiser leur cognée. 3°. Les voitures pour les vuidanges & débardages les brisent & les écornent. 4°. On peut les déplacer facilement la nuit, les transporter, ou en substituer d'autres que l'on enterre à dessein de les faire reparoître quelque tems après comme revêtues de l'autorité respectable de l'antiquité. 5°. Et enfin elles se calcinent & se détruisent d'elles-mêmes. Toutes ces raisons doivent les faire réformer pour l'avenir; mais en attendant la conformité des sentimens du public au mien, je vais éclaircir les difficultés les plus ordinaires qu'elles produisent.

VÉRIFICATION D'UN PROCÈS-VERBAL D'ABORNEMENT.

9. Il faut commencer par la première borne rappellée au procès-verbal, vérifier sa position, sa qualité, & sa figure; mesurer les distances de l'une à l'autre qui doivent se rapporter à celles qui sont spécifiées; examiner avec soin si elles sont dans leur emplacement propre, tel qu'un angle rentrant & saillant, ou bien dans un simple allignement, &

ſi les riverains rappellés ſont conformes aux limitrophes actuels. Enfin reconnoître autant que faire ſe pourra, ſi leur direction ſe rapporte de la première à la ſeconde, de la ſeconde à la troiſiéme, &c. S'il ſe trouve une borne perdue, il faudra la rechercher comme il ſuit.

EXEMPLE.

Fig. 4. pl. 4. Soit la borne x à rechercher entre les deux autres A & B, dont on ait les diſtances A x & B x ſpécifiées par le procès-verbal; faites une tranche AB (1. Part. 24.) & meſurez-la; ajoutez à ſon quarré celui de B x, & de leur ſomme ôtez le quarré de A x; diviſez le reſtant par le double de AB, le quotient donnera le ſegment B m; marquez le point m ſur le terrein, élevez la perpendiculaire m x qui doit paſſer ſur la borne x; ôtez enſuite le quarré de B m du quarré de B x; la racine quarrée du reſtant ſera la longueur de la perpendiculaire m x, avec laquelle vous marquerez le point x de la borne perdue. (2e liv. Euclid. prop. 13.)

Si la ſinuoſité ou l'angle fait en x n'étoit point déſigné par le procès-verbal, il faudroit prolonger la perpendiculaire m x vers o, & rechercher tant en x qu'en o ſi la borne perdue ne peut ſe retrouver ; si on ne la retrouvoit point, on adjugeroit le point x au côté vers lequel la possession actuelle seroit rentrante ou saillante, en la restreignant toutefois ou l'allongeant conformément à la longueur $mx = mo$, trouvée par le calcul en conséquence des distances énoncées au procès-verbal.

Quand les distances ne sont point énoncées dans les procès-verbaux, (il s'en trouve) & que le nombre de bornes ne se retrouve pas, l'usage est de se conformer à la possession qui se prouve par la différence d'âge des taillis, ou par les dernières exploitations ; si les âges sont les mêmes, & que l'on ne puisse apprécier & prouver les limites de la dernière coupe, par la reconnoissance de l'empreinte des marteaux différens ou autrement, alors il faut nécessairement tracer une ligne droite entre les deux bornes adjacentes à celle qui est absolument perdue. (1. Part. 24.)

Pour éviter un semblable inconvénient, le propriétaire a grand intérêt d'obliger ses gardes à veiller exactement à la conservation des bornes qui le séparent des riverains, en nettoyant les ronces, épines, &c. dont elles se couvrent d'une année à l'autre ; le défaut d'attention pour ces petits soins coute souvent de très-grands frais.

DES LAYES DE SÉPARATION.

10. LA laye entretenue eſt la meilleure ſéparation que l'on puiſſe faire entre deux bois ; elle a l'avantage de ſuivre exactement les ſinuoſités les plus imperceptibles d'une limite pour laquelle il faudroit une grande quantité de bornes ; elle procure aux gardes la facilité de viſiter tout le bordage de leurs bois dans leſquels les malfaiteurs ont intérêt de commettre les délits par préférence, tant à cauſe du peu de chemin à faire pour en ſortir, que pour ſe procurer l'aſyle d'un bois voiſin ; d'ailleurs le vuide qu'elle contient intéreſſe peu l'avidité des riverains, & déſigne parfaitement la véritable ſéparation dans toute ſon étendue ; il n'eſt pas même intéreſſant de ſavoir ſi une laye eſt mitoyenne ou non ; c'eſt pourquoi ſi un voiſin ſe refuſe & ne veut point ſe prêter à faire pareille ſéparation, on peut l'établir ſans aucun inconvénient en l'emplaçant ſur ſon terrein.

11. Si un des deux riverains laiſſe un cordon à la laye, il eſt très-à-propos pour l'autre de faire de même, à cauſe que ſon élévation ne manqueroit pas de nuire au taillis limitrophe qu'il couvriroit de ſes branches, mais qu'un cordon paralléle

contiendroit, en le forçant de partager également le vuide des layes.

Il est fâcheux que les propriétaires particuliers craignent la dépense imaginaire de l'entretien de ces layes dont l'élaguage seul peut rembourser ; ils éviteroient par ce moyen nombre de contestations que les autres façons de se limiter fournissent.

DES CHEMINS ET DES RUISSEAUX.

12. IL n'est pas rare de trouver des bois séparés par des chemins ou ruisseaux & ravins, malgré l'inconvénient de pareilles limites sujettes à changer de lieu comme de cours, à l'exception toutefois des chemins royaux, rivieres, grands ruisseaux & canaux.

Dans l'arpentage d'un bois séparé d'un autre par un chemin ou un ruisseau, on y comprend toujours la moitié de leur superficie qui doit être partagée également entre les riverains. Si un chemin se trouve double, comme il arrive dans de mauvais pas, on prend pour limite celui qui joint les taillis lorsqu'ils ont des âges différens ; mais lorsqu'ils sont semblables, on préfére le chemin qui paroît le plus ancien.

13. La ſuperficie de tous les autres chemins qui ſont enclavés dans les bois doit être compriſe dans l'arpentage, de même que celle des vuides, excepté néanmoins celle des chemins royaux, rivieres, canaux, étangs, &c. qui doit être défalquée & appréciée à part.

DES LISIÉRES.

14. UNe liſiére qui ſépare un bois d'avec un autre, eſt une réſerve de ſepée en ſepée qui s'éleve en futaye ; quelquefois cette liſiére eſt ſimple, & quelquefois double.

La propriété d'une liſiére ſimple eſt preſque toujours mitoyenne entre les limitrophes, à moins qu'il n'y ait titre au contraire, ou que quelques bornes ou foſſés aux extrémités ne les enclavent dans un des deux bois ; on reconnoît encore l'empreinte du marteau ; ſi le même ſe trouve ſur les deux faces oppoſées, elle appartient au propriétaire du marteau, mais ſi les empreintes ſont différentes, elle eſt certainement mitoyenne.

J'ai vu deux bois ſéparés par une liſiere ſimple de haute futaye pour laquelle les riverains étoient en inſtance ; ſa longueur étoit de 50 perches, ſa largeur de l'épaiſſeur des arbres ou ſepées, & ſa valeur de 1000 liv. le premier jugement provisoire fut d'arpenter les bois aux fins d'adjuger cette futaye à celui des deux qui n'auroit pas les arpens énoncés par les anciens titres rapportés ; je laisse aux Géométres à décider quel fond l'on pouvoit faire sur des procès-verbaux d'arpentage tant anciens que modernes, pour décider un cas dans lequel il ne s'agissoit que d'un milliéme en superficie, car le moindre canton de bois contenoit cent arpens.

Je rapporte volontiers cet exemple aux connoisseurs pour prouver combien il est nécessaire d'avoir une connoissance particulière de l'arpentage, lorsqu'il est question de prononcer sur des limites litigieuses, & en même tems pour faire voir l'inconvénient des lisiéres simples qui sont d'un attrait singulier pour ceux qui aiment à augmenter leur usufruit ; les lisiéres doubles sont moins sujettes à être répétées, pourvu que l'on ait soin de les exploiter à-peu-près dans le même tems.

15. Quoique l'on doive réformer autant qu'il est possible toute lisiére simple entre deux bois, il est cependant à propos d'en avoir pour séparer les terres, pâtures, friches ou communes contigues, tant pour la valeur des arbres qui s'étendent en

dehors par leurs branches, que pour les acrues, que leur ſemence produit, & pour marquer les bordages de maniere à ne pouvoir être enfreints par les beſtiaux, ſans être dans le cas évident de l'amende encourue.

DES ACRUES.

16. LEs acrues doivent faire partie d'une forêt lorſqu'elles n'en ſont ſéparées en aucune manière; cela ſe prouve par le principe de droit qui dit que le plein acquiert le vuide, & par l'art. 4. du tit. 27. cité ci-devant, qui oblige à ſéparer tous bois voiſins par foſſé ſous peine de réunion; le droit eſt clair & certain : mais il n'en eſt pas de même de ſon application dans le fait particulier qui fournit ſouvent matiere à procès; la difficulté conſiſte à ſçavoir à quel âge des rejets ou premieres acrues peuvent être regardées, ſoumiſes à la rigueur du droit & de l'ordonnance; car tout le monde conviendra qu'il eſt abſurde de les eſtimer telles dans les premieres années.

Pour moi je penſe qu'elles ne peuvent être ſujettes à réunion avant l'âge de 30 ans; car puiſque le plein eſt acquéreur, il doit être conſidéré comme un nouveau poſſeſſeur de terres négligées; or un nouveau détenteur ſans titre ne peut s'approprier une terre qu'après trente ans de poſſeſſion, par conſéquent, &c.

CONNOÎTRE L'AGE DES ACRUES, &c.

17. Pour connoître l'âge des acrues, des taillis, &c. choiſiſſez dans une ſepée un brin des plus gros; faites-le couper par le pied, & raſer obliquement en deſcendant de l'écorce ſur le centre qui eſt toujours marqué; comptez ce centre pour la premiere année, & ajoutez-la au nombre des cercles qui ſe trouvent entre lui & l'écorce incluſivement, le total donnera celui des années requiſes.

S'il n'eſt queſtion que d'un taillis au-deſſous de 10 ans, on peut en ſçavoir l'âge à vue ſans rien faire couper; il ſuffit de prendre le pied pour la premiere année, & l'ajouter à la moitié du nombre de fourches ou gros nœuds qui ſe trouvent depuis le pied juſqu'au ſommet du brin choiſi pour être le plus ancien; au-deſſus de cet âge on ne peut plus les diſtinguer, parce que les ſéves poſtérieures recouvrent les nœuds des premieres branches à meſure qu'elles dépériſſent. Cette méthode eſt curieuſe; mais elle ne pourroit ſervir s'il étoit queſtion de verbaliſer, il faudroit en ce cas opérer plus sérieusement comme ci-dessus.

ARPENTAGE,

ou nouvelle méthode de mesurer toutes sortes de figures irrégulières.

MANIÉRE DE MESURER LES CÔTEAUX.

IL me paroît à propos d'expliquer ici de quelle maniere on doit mesurer les côteaux, soit par développement ou par cultellation, * & de rapporter auparavant les raisons différentes de l'une & l'autre méthode qui doivent décider.

DÉVELOPPEMENT.

18. Le développement pris à la rigueur est une opération impossible dans les bois d'une certaine étendue ; il ne s'agit que d'un développement tel qu'il a été pratiqué jusqu'à présent, & dont la maniere de porter la chaîne est susceptible, c'est-à-dire pour les seules portions de côteaux qui se trouvent répandues, tant dans les bases que dans les traverses, & non de ceux qui pourroient

* La cultellation est la mesure des distances piéce par piéce, c'est-à-dire avec des instrumens qui ne donnent les hauteurs & distances que par parties, & non toutes ensemble par une seule opération.

être isolés au milieu d'une forêt; cette façon de mesurer contient deux défauts essentiels.

Le premier consiste en ce que l'augmentation d'une base produite par la rampe d'un côteau, influera par le calcul du cannevas sur des largeurs dix fois plus grandes, tandis qu'elle devroit être restrainte à la seule portion du côteau qu'elle traverse; cette erreur est plus considérable que l'on ne le pense ordinairement; j'ai trouvé plusieurs côteaux qui avoient 30° degrés d'inclinaison sur 20 perches de rampe, & dont la base différoit nécessairement de deux perches $\frac{68}{100}$: si ce surplus eût influé sur une largeur de deux ou trois cent perches, on auroit augmenté la superficie bien injustement.

Le second défaut est encore plus essentiel; il git dans l'impossibilité de faire quadrer ses angles avec la mesure des bases; il faut nécessairement admettre une correction que l'on ne peut guères connoître, & encore moins bien appliquer; il arrive de-là qu'un arpenteur ne peut fermer sa figure avec précision, & qu'il confond volontiers les différentes erreurs de son opération, en attribuant avec plaisir à l'inégalité du terrein, ce qui provient encore d'angles mal pris, de mesures fausses, & d'une réduction qui n'a pû supporter l'exactitude d'un calcul trigonométrique.

CULTELLATION.

19. La cultellation prise en rigueur comme le développement, est aussi impraticable pour les bois ; mon dessein n'est pas de la représenter telle ; il suffit de prendre les angles d'inclinaison à l'horison (1. Part. 55.) pour les côteaux essentiels, de les mesurer à l'ordinaire avec la chaîne, afin d'être en état de calculer la différence de leurs rampes avec leurs bases. Voilà la seule opération de plus qu'elle exige, & qui suffit pour faire quadrer les angles, & fermer sa figure.

C'est en vain que l'on objecte qu'un propriétaire ne vendant que la superficie ne doit pas perdre celle que les rampes des côteaux lui donne de plus ; cette objection ne peut être favorable à l'ancienne maniere de mesurer, puisque son développement ne peut apprécier le surplus de superficie sans y ajouter beaucoup au delà en perte pour l'acquéreur, & sans tronquer entiérement la figure du plan ; si pour cette raison on lui donnoit la préférence, ce seroit guérir le doigt en coupant la main.

D'ailleurs l'acquéreur soit en fond soit en superficie (cela est égal pour la question) n'achette

chez

cher que par la proportion du bois avec le terrein; or il est certain que cette proportion est bien moindre pour les arpens situés sur la rampe des côteaux, puisqu'il n'y a pas plus de bois que sur leur base. Cela est évident, & pour me faire entendre de tout le monde, je vais comparer les arbres aux maisons qui sont l'un & l'autre perpendiculaire à l'horison, c'est-à-dire aplomb; personne n'ignore que l'on ne pourroit bâtir plus de logement sur la rampe d'un côteau que sur son emplacement au rès de chaussée; on est persuadé au contraire que l'on en bâtiroit encore moins, à cause du talut nécessaire aux murs terrassés qui en diminueroit la superficie, donc &c. en outre les taillis des côteaux sont assez souvent moindres que les autres; toutes ces raisons doivent engager à préférer cette cultellation approchée avec d'autant plus de raison qu'elle est conforme à l'avis de l'Académie des Sciences, année 1749, p. 185. de l'histoire.

20. L'on doit distinguer les vignes, terres & prés qui sont sur les côteaux; ces sortes de biens doivent être développés très-exactement, parce que la proportion de leurs différens fruits est trop approchante de la superficie pour en être séparée.

PROBLÊME I.

21. *Former son cannevas autour d'un bois.*

Fig. 5. pl. 4. SOit la superficie X qui représente un bois; s'il joint à un autre en A B & C, placez le garde indicateur au retour le plus sensible & éloigné vers B: revenez en A, & pendant qu'il tirera un coup de fusil, vous dirigerez facilement au bruit l'alignement de la base A B, en la mettant plus à droite qu'à gauche, afin d'éviter autant qu'il est possible d'entrer dans le bois voisin; faites ouvrir cette tranche, sa rencontre avec les limites fixera son extrêmité B, de laquelle vous dirigerez une seconde base B C de la même maniere, après avoir envoyé tirer le coup de fusil au retour le plus éloigné en C.

Etant en B observez l'angle A B C que vous aurez soin de former sans minute avant de faire ouvrir la tranche B C; aux autres points C D & E vous opérerez de même, en faisant attention de rendre les bases les plus longues qu'il soit possible, sans s'écarter considérablement des limites; au point A vous prendrez ce dernier angle tel qu'il se trouvera. (1. Part. 51.)

22. Pour vérifier les lignes & les angles, il faut faire la preuve des angles pris en observant le dernier en A; cette preuve se fait de deux manières pour les figures irrégulières simples : la première est d'ajouter tous les angles observés ensemble, leur somme doit être égale à autant de fois 180° qu'il y a de côtés moins 360° : le cannevas X ayant cinq côtés, la somme des angles observés doit être égale à dix angles droits moins 360°, c'est-à-dire à 540; la seconde manière est de prendre tous les angles extérieurs; la somme doit être égale à 360°.

23. Si le cannevas est de figure irrégulière composée, les preuves ci-dessus ne peuvent avoir lieu; car en ce cas la somme des angles extérieurs ajoutée à celle des angles rentrans doit être égale à 360°. plus à autant de fois 180°. qu'il y a d'angles rentrans. Soit la figure irrégulière composée A B C D E F G qui a un angle rentrant en A, je dis que les angles extérieurs (déf. 13.) supplément des angles saillans B C D E F & G ajoutés à l'angle rentrant en A, sont égaux à la somme de 360° augmentée d'une fois 180. puisqu'il n'y a qu'un angle rentrant, c'est-à-dire à 540°. soit tirée la ligne G B prolongée en I comme A B & F G en 4 & en H; dans la figure B C D E F G, Fig. 6. pl. 4.

la ſomme des angles extérieurs eſt égale à 360°. il reſte à prouver que les deux baſes A B & A G qui compoſent l'angle rentrant en A, augmentent les deux angles extérieurs B G H & C B I de la quantité des deux angles I B L & A G B, qui avec l'angle rentrant en A font une ſomme de 180° de plus.

DÉMONSTRATION.

L'angle extérieur C B L formé par la prolongation de la baſe A B avec la ſuivante B C, ſurpaſſe l'angle C B I de l'angle I B L, oppoſé au ſommet à l'angle A B G; de même l'angle extérieur A G H ſurpaſſe B G H de l'angle A G B; or ces deux angles A G B & A B G, étant ajoutés à l'angle rentrant A, ſont égaux à 180°. *c. q. f. d.* (32. du 1. liv. Euclide.)

EXEMPLE.

Ecrivez les angles B C D E F G en une colonne; mettez leurs ſupplémens avec l'angle rentrant en A dans une deuxiéme colonne pour les additionner; leur ſomme doit être égale à 360° + 180° puiſqu'il n'y a qu'un ſeul angle rentrant.

Angles intérieurs & faillans.	Angles extérieurs & rentrans.
B . . . 71°	109°
C . . . 114	66
D . . . 105	75
E . . . 115	65
F . . . 126	54
G . . . 57	123
588°	A . . 48
preuves	540° = 360° + 180°

24. On peut encore faire cette preuve autrement pour les figures irrégulières compofées, en ôtant la fomme des angles rentrans de celle des angles faillans, le reftant doit être égal à autant de fois 180° qu'il y a de côtés moins deux, & moins autant de fois 360° qu'il y a d'angles rentrans; dans l'exemple propofé, il y a fept côtés qui moins deux reftent à cinq; ainfi en multipliant 180° par cinq, & ôtant 360, le reftant 540 doit être égal à la fomme des angles faillans 588, après avoir fouftrait celle de l'angle rentrant 48°, la démonftration fe rapporte à la précédente.

25. Si dans les preuves des angles qui doivent être faites fur le terrein, on trouvoit un ou plu-

sieurs degrés de différence, il faudroit avant de rien mesurer les observer de nouveau les uns après les autres, jusqu'à ce que l'on ait reconnu l'erreur qui peut provenir de lignes mal jallonées, de même que d'angles mal pris; mais si la preuve ne donnoit que quelques minutes en plus ou en moins, il suffiroit d'en faire une correction répandue sur la totalité des angles, en faisant supporter à chacun une minute, au cas toutefois que l'on ne puisse, en vérifiant lors des mesures des lignes, retrouver une erreur semblable dans aucun.

Il est peu d'arpenteurs qui jusqu'à présent aient sçu la maniere de faire les preuves de leurs angles pour toutes sortes de figures irrégulières; ils ne pouvoient distinguer ces erreurs de celle des mesures, & cette confusion les obligeoit à avoir recours à la section des deux dernières bases pour former cet angle qui pour eux étoit le vrai nœud gordien.

26. Après avoir vérifié & fait la preuve des angles du commun, il faut mesurer les bases en entier l'une après l'autre avant de faire autre chose; on en tiendra un état comme il suit :

BASES.

*AB . . 182°. 6'

*BC	. .	129. 2
CD	. .	350. 4′′
DE	. .	238. 65
EF	. .	202. 5′′
FG	. .	302. 92
*GA	. .	224. 1

Il faudra auſſi tenir un petit état des cultellations approchées pour les côteaux. (19.)

Baſes.	Diſtances.	Rampes.	Angle d'élévation.
EF . .	24 . .	16 . .	25° en deſcendant.
FG . .	36 . .	25 . .	18° en montant.

Il eſt à propos d'étoiler comme ci-deſſus les baſes qui ſont dans les plaines, pour les diſtinguer, & appuyer ſon calcul trigonométrique, afin de ne leur pas faire ſupporter les petites corrections que l'on eſt obligé quelquefois de faire, & qui doivent être attribuées avec juſtice à celles qui traverſent de petites monticules qui ne valent pas la peine d'être obſervées avec le graphométre.

PROBLÊME II.

27. Remplir son cannevas sur le terrein, & former un état du brouillon.

Fig. 6 & Pl. 4. COmmencez par la première base A B du cannevas A B C D E F G que je choisis pour servir de modéle à toutes sortes d'arpentages; orientez cette base avec la boussole; allez ensuite au point *a* que je suppose être une borne entre deux bois, & renvoyez la traverse *a m* (1. part. 45.) sur la base A B, ou bien si on peut découvrir la borne *a* du point *m*, élevez cette traverse avec l'équerre (1. part. 22.); tracez de même toutes les autres traverses qui doivent répondre à chaque sinuosités *b c d* & *e*; représentez votre base A B sur un brouillon avec toutes les traverses qu'elle contient; marquez les bornes par un petit quarré, les fossés par deux traits fins & paralléles de même que les chemins, les ruisseaux & ravins par un simple linéament tremblé & serpentant, & les bordures simples par un seul trait noir.

Sur ce même brouillon faites la description détaillée de chaque base en les représentant parallélement à la premiere, & en observant de les désigner par les mêmes lettres alphabétiques du cannevas ; par ce moyen vous pourrez mettre sur très-peu de papier tout le détail d'une grande opération.

28. Au bout de chaque base il faut additionner toutes les distances de perpendiculaires ensemble ; leur somme doit être conforme à la longueur qui a été mesurée en gros (26.) pour le cannevas ; si ces deux mesures ne diffèrent que de peu de chose, il faudra préférer la plus petite à la plus grande (1. part. 14.), mais si la différence est considérable, il faut remesurer le détail de ces distances pour les vérifier toutes, & attribuer l'erreur, s'il y en a eu dans cette mesure, à celle dans laquelle elle s'est faite.

29. Il faut avoir soin en mesurant chaque base de mettre de distance en distance, sur-tout à leurs extrémités, de petits piquets à fleur de terre dans le plan vertical de ces lignes afin de pouvoir les rétablir au cas que l'on en eût besoin, pour y tracer les layes de séparation des ventes, quelquefois un an après.

30. On calculera la base de chaque côteau que l'on substituera à la rampe pour laquelle on a fait l'observation (26.) ; on trouvera dans la base E F 14 perches 5′ au lieu de 16 (1. Part. 60.), &

cette base ne sera que de 201 perches au lieu de 202. 5'. de même on cherchera la différence de la rampe au côteau dans la base F G que l'on trouvera de 1 perche 2'2', qui étant diminué de sa longueur ne sera plus que de 301. 7' au lieu de 302 9'2' ; on doit avoir l'attention de diminuer ces différences de la base au côteau dans les distances de perpendiculaires qui y sont situées ; l'on pourra au moyen de ces corrections dresser un état vérifié des angles & des bases pour le cannevas, & un second pour le détail de toutes les traverses, c'est-à-dire pour le brouillon.

31. ÉTAT DES ANGLES ET DES BASES DU CANNEVAS VÉRIFIÉS.

Angles.		Longueurs des bases.
A . . .	48° . rentrant. . . .	182. 6'
B . . .	71	129. 2
C . . .	114	350. 4
D . . .	105	238. 7
E . . .	115	201
F . . .	126	301. 7
G . . .	57	224. 1

La lettre initiale de chaque base suffit pour les désigner, à cause de l'ordre alphabétique que l'on doit suivre exactement ; quand un angle n'est point ſpécifié rentrant, il eſt réputé ſaillant.

32.. ÉTAT DÉTAILLÉ DES BASES AVEC LEURS TRAVERSES POUR LE BROUILLON.

Diſtances de perpendiculaires.	Perpendiculaires.	Diſtances de perpendiculaires.	Perpendiculaires.
BASE AB.		BASE BC.	
27 . .	5 à gauche.	30 . .	4 à gauche.
33 . .	4 idem.	24 . .	3 idem.
40 . .	10 idem.	36 . .	15 idem.
20 ′ .	7 idem.	39. 2′	0 idem.
32. 6	3 idem.	129. 2′	
30 . .	0 idem.		
182. 6′			
BASE CD.		BASE DE.	
64 . .	6 à gauche.	27 ″ .	4 à droite.
60 . .	0 idem.	41. 45	0 idem.
34 . .	15 idem.	24 . .	3 à gauche.
40 ′ .	2 idem.	44. 25	2 idem.
102. 4	10 idem.	17 . .	0 idem.
20 . .	4 idem.	51 . .	8 à droite.
30 . .	0 idem.	34 . .	0 idem.
350. 4′		238. 7′	

Distances de perpendiculaires.	Perpendiculaires.	Distances de perpendiculaires.	Perpendiculaires.
BASE EF.		BASE FG.	
46 . .	6 à droite.	60 . .	4 à gauche.
18 . .	0 idem.	26 . .	0 idem.
38 . .	5 idem.	34 . .	5 à droite.
24 . .	8 idem.	52 ′ .	0 idem.
42 . .	0 idem.	38 4	6 idem.
17 . .	4 idem.	48 3	3 idem.
16 . .	0 idem.	43 . .	0 idem.
201		301 7	

BASE GA.

Distances de perpendiculaires.	Perpendiculaires.
26 . .	6 à droite.
40 . .	4 idem.
58 . .	10 idem.
36 1′	2 idem
22 . .	11 idem.
42 . .	0 idem.
224 1′	

Quand il n'y a point de perpendiculaire, & que la limite aboutit sur la base, on met *o*; si la limite n'y aboutissoit pas, comme cela peut arriver aux extrêmités des bases, on y placeroit la lettre initiale de la base suivante.

33. Si dans les arpentages contradictoires un arpenteur étoit obligé de fournir un état de ses

dimensions semblable à ceux ci-dessus pour le cannevas & le brouillon, on pourroit à Paris ou ailleurs juger qui de plusieurs auroit opéré avec justesse, & décider sans être obligé de se transporter sur les lieux.

PROBLÊME III.

34. *Trouver tous les angles formés par les bases, les perpendiculaires & parallèles à la capitale d'un plan, nécessaires aux réductions & calculs trigonométriques du cannevas.*

COnstruisez un cannevas brouillon avec le rapporteur tel que A B C D E F G qui ne servira que pour le calcul; choisissez une base D E que vous prolongerez de part & d'autre pour être la capitale du cannevas : de chaque extrêmité des autres bases abaissez les perpendiculaires C*c*, B *b*, A*a*, G*g*, F *f*, dont les deux extrêmes C*c* F*f* termineront la capitale en C & en *f*; des mêmes extrêmités, menez les droites F*pf*, *o*A, A*n*, C*m*, parallélement à la capitale, & terminez par les perpendiculaires; elles formeront les triangles rectangles C D *c*, B*cm*, B*n*A, A*o*G, G*p*F, F E*f*, dont vous connoîtrez les angles comme il suit. Fig. 7. pl. 4.

Dans le triangle rectangle C D *c*, l'angle C D *c* supplément de l'angle saillant observé en D est de 75°, son complément D C *c* sera de 15°.

Dans le triangle rectangle C B *m*, l'angle B C *m* se trouvera de 39° en ôtant D C *m* complément de D C *c* de l'angle observé en C. son complément 51° sera l'angle B C *m*.

Dans le triangle rectangle A B *n*, l'angle A B *n* sera de 20° en ôtant C B *m* de l'angle observé en B, & son complément *n* A B sera de 70°.

Dans le triangle rectangle G A *o*, on trouvera l'angle G A *o* de 62° en ôtant la somme des deux angles B A *n*, & B A G de 180°, son complément A G *o* sera de 28°.

Dans le triangle rectangle G F *p* on connoîtra l'angle F G *p* de 29° ; en ôtant l'angle *o* G A de l'angle observé A G F, son complément G F *p* sera de 61°.

Dans le triangle rectangle E F *f*, on aura l'angle E F *f* de 25°, en ôtant l'angle G F *p* de l'angle observé G F E, pour avoir l'angle E F *p* dont il est le complément, & son complément F E *f* sera de 75°.

Enfin vous aurez une preuve complette des petits calculs de tous ces angles si le dernier trouvé

FE*f* eſt égal, comme dans cet exemple, au ſupplément de l'angle obſervé DEF ; ſinon il faudroit recommencer parce qu'il ne doit y avoir aucune erreur.

PROBLÊME IV.

35. *Trouver trigonométriquement les longueurs de toutes les perpendiculaires & parallèles à la capitale d'un plan.*

POur mieux expliquer cette méthode & en rendre ſenſible la facilité, je vais l'appliquer au canevas précédent, & en détailler les analogies. *Fig. 7. pl. 4.*

EXEMPLE.

Dans le triangle rectangle CD*c* on trouvera la perpendiculaire C*c* & la partie D*c* de la capitale, en diſant.

Le ſinus total est à la baſe DC=3504′

comme

Le ſinus de CD*c*= 75°	le ſinus de DC*c*=15°
à la perp. C*c*= 338 5′	à la partie D*c*=90 7′

TRIANGLE BC*m*.

Le ſinus total eſt à la baſe BC = 129.2′

comme

Le ſinus de CB*m* = 51°	Le ſinus de BC*m* = 39°
à la parallele C*m* = 100.4′	à la perpend. B*m* = 81 31″

TRIANGLE BA*n*.

Le ſinus total eſt à la baſe AB = 182.6′

comme

Le ſinus de BA*n* = 70°	Le ſinus AB*n* = 20°
à la perpend. B*n* = 171 6′	à la parallele A*n* = 62 45″

TRIANGLE AG*o*.

Le ſinus total eſt à la baſe AG = 224.1′

comme

Le ſinus de GA*o* = 62°	Le ſinus de AG*o* = 28°
à la perpend. G*o* = 197 9′	à la parall. A*o* = 105 2′

TRIANGLE GF*p*.

Le ſinus total eſt à la baſe GF = 301.7′

comme

Le ſinus de GF*p* = 61°	Le ſinus de FG*p* = 29°
eſt à la perpend. G*p* = 263.9′	à la parallele F*p* = 146 3′

TRIANGLE

TRIANGLE FEf.

Le ſinus total est à la baſe EF = 201
comme
Le ſinus de FEf = 65° | Le ſinus de EFf = 25°
à la perpend. Ff = 182 | à la partie Ef = 84.9″ 5
2′

La preuve de tous ces calculs ſe fait en ajoutant les paralléles Cm, An, Ao, Fp en une ſomme qui doit être égale à la longueur de la capitale cf, dont la partie DE à été meſurée.

EXEMPLE.

PARALLÉLES.		CAPITALE.	
Cm . .	100..4′	Dc . .	90..7′
An . .	62..4′5′	DE . .	238..7
Ao . .	105..2	Ef . .	84..95
Fp . .	146..3		414..3′5′
	414..3′5′		

36. Il eſt bien rare dans la pratique de parvenir à une égalité parfaite des longueurs des paralléles avec la capitale ; mais il eſt ordinaire d'en approcher de très-près quand on a bien opéré. Lors donc que l'on trouve de petites différences, il faut en appliquer la correction dans les parties dont les baſes étoient ſituées ſur de petites monti-

cules qui n'ont pas mérité la peine d'être appréciées (26.)

PROBLÊME V.

37. *Construire exactement la figure du cannevas.*

Fig. 7. pl. 4. ETabliſſez une ligne à volonté *c f* qui ſera la capitale ; prenez la diſtance *c* D avec le compas ſur l'échelle de 1000 parties, & portez cette longueur de *c* en D par le point *c* ; élevez une perpendiculaire de la longueur trouvée pour C *c*, & du point D au point C tirez la droite D C qui repréſentera la baſe D C dans ſa véritable poſition ; vérifiez ſi cette baſe ſe trouve de la longueur qui a été meſurée ; portez enſuite avec le compas la diſtance de la paralléle C *m* ſur la capitale de *c* en *b* : au point *b* élevez la perpendiculaire *b* B ſur laquelle vous abaiſſerez du point C la paralléle C *m* ; ajoutez à *b m*=C *c* la diſtance *m* B calculée dans le triangle B C *m*, & du point B au point C tirez une ligne droite qui ſera la baſe B C dont vous vérifierez la longueur ; continuez de porter ſur la capitale les diſtances des paralléles, & élevez à chacune, des perpendiculaires pour marquer toutes les extrêmités des baſes les unes après les autres, comme il vient d'être expliqué pour les deux premieres.

La preuve de cette construction se fait en voyant si les distances Ef, Ff & Fp se retrouvent de la longueur que le calcul a donnée, de même que la capitale; en outre il sera bon de vérifier les angles avec le rapporteur qui suffiroit pour reconnoître les plus fortes erreurs.

PROBLÊME VI.

38. *Calculer la superficie d'un cannevas.*

SOit le même cannevas ABCDEFG; on en aura la superficie en ajoutant celles des trapézes (1. part. 32) & des triangles rectangles (ibidem 31.) qu'il renferme, en une somme qui donnera le total.

EXEMPLE.

			perches.	
Le trapeze	CD*bm*.	. . .	18634.	4′2′
Le triangle	BC*m*.	. . .	4081.	76
Triangle	BA*n*.	. . .	5358.	21
Triangle	GA*o*.	. . .	10409.	54
Triangle	GF*p*.	. . .	19304.	28
Trapeze	FE*gp*.	. . .	18916.	91
Rectangle	*gonb*.	. . .	41610.	73
total du cannevas.		.	118315,	8″5

En séparant les deux derniers chiffres vers la droite qui expriment des perches, l'on aura pour cet exemple 1183 arpens 15 perches 85 centiémes.

Le plus grand avantage que produit la nouvelle méthode qui vient d'être déduite pour la construction des plans, est de procurer un calcul parfait des superficies, sans être obligé de prendre ou calculer aucune autre dimension ; elle abrége par ce moyen autant & même plus que les usages défectueux de réduire au rapporteur, & de calculer avec l'échelle & le compas.

La preuve de ce calcul consiste à le faire une seconde fois ; c'est pourquoi il en faut tenir un état conforme au modéle ci-dessus, afin de pouvoir reconnoître dans quel trapeze ou triangle on se seroit trompé s'il y avoit erreur.

ANCIENNE MÉTHODE DE CALCULER TRIGONOMÉTRIQUEMENT LA SUPERFICIE DES PLANS.

39. On prenoit à volonté un angle comme A du sommet duquel on menoit à chaque angle les droites A E, A F, A D & A C qui partageoient le cannevas entier en triangles, dont on cherchoit les angles & les côtés par un calcul très-long &

Fig. 6. Pl. 4.

très-pénible : ensuite on calculoit la superficie par les trois côtés de chaque triangle, (1. part. 20.) ou bien on cherchoit encore la longueur des perpendiculaires avec lesquelles on avoit plus facilement cette superficie.

Cette méthode est défectueuse : 1°. En ce que dans le calcul des angles, on trouve souvent des secondes qui sont des plus embarrassantes ; 2°. Parce que la construction d'une figure faite par des sections ne donne pas la précision des perpendiculaires ; 3°. Et enfin à cause de la longueur du calcul des superficies par les trois côtés d'un triangle ; ces défauts que l'expérience seule fait appercevoir sont l'écueil des arpenteurs, qui, pour s'en affranchir, substituoient le calcul au compas & à l'échelle ; ils m'ont convaincu qu'il falloit nécessairement une autre méthode aussi exacte dans le droit & plus praticable dans le fait, pour tirer cet art de l'obscurité dans laquelle tant de bons traités particuliers l'ont laissé jusqu'à présent ; Clermont même dans sa Géométrie pratique, liv. 5. page 156. improuve cette méthode de son siécle en disant :

« Quelques Géométres prennent la valeur des » angles & de tous les côtés qui renferment une » figure irréguliière, & en rapportent sur le papier

» une semblable à celle qui est sur le terrein, » après quoi, *par un calcul très-long & très-pénible*, ils trouvent la capacité de la figure rapportée, d'où ils concluent de celle qui est sur le terrein; or bien que cette méthode soit vraie » dans la spéculation, & fondée sur les principes » géométriques, néanmoins l'on peut dire *qu'elle* » *est très-difficile à exécuter.* »

Je suis d'accord avec lui pour cette pénible méthode; mais je crois qu'il auroit pensé comme moi s'il eût connu la facilité de celle que je propose, dont le plus grand avantage, après la construction d'un cannevas, est de donner la superficie aussi facilement qu'exactement, sans aucune autre préparation trigonométrique & préliminaire.

PROBLÊME VII.

40. *Construire la figure d'un bois, ou former son brouillon, & calculer la superficie des emprunts.*

Fig. 9. Pl. 3. IL est facile après avoir formé le cannevas, de figurer les sinuosités d'un bois au moyen des petites traverses (17.) dont on a un état, (32.) en commençant par la 1ere base A B comme il suit; prenez la première distance de perpendiculaire 27, portez-la du point A vers B au point 5, élevez à gauche une petite perpendiculaire que vous ferez de cinq perches, & tracez la ſinuoſité A 5; emplacez de même les autres traverſes, & ſur les autres baſes; la ligne qui paſſera par leurs extrêmités repréſentera le périmetre de la figure du bois ſur le terrein; écrivez ſur ce brouillon toutes les dimenſions qui ont été meſurées.

Quand il y a un grand nombre de petites traverſes ſur une baſe, il arrive ſouvent qu'il reſte trop ou trop peu de diſtance pour la dernière; c'eſt pourquoi afin d'éviter cet inconvénient, prenez toujours les diſtances qui précédent enſemble avec le compas, de façon que l'on parte du commencement de chaque baſe pour l'emplacement des traverſes; par ce moyen on évitera les petites fractions que la poſition inégale des pointes du compas produit, & qui influent ſur la dernière diſtance lorſqu'elles ſont marquées ſéparément.

Il faut deſſiner ſur ce brouillon tous les chemins, ruiſſeaux, ravins, bornes & foſſés que l'on a remarqués ſur le terrein, comme il a été enſeigné. (27.)

CALCUL DES EMPRUNTS, TANT DU DEDANS QUE DU DEHORS.

41. Tous ces emprunts ſont triangles, rectangles ou trapezes, au moyen des traverſes qui ſont

perpendiculaires ; on en trouvera la superficie comme il a été expliqué, (1. part. 31 & 32.) & on en tiendra un état conforme au modéle suivant :

Fig 9, pl. 5. EXEMPLE POUR LA FIGURE DU BOIS ABCDEFG.

EMPRUNTS DU DEDANS A AJOUTER.

BASE AB.

triangle .	67..5′
trapeze .	148..5
idem . .	280
idem . .	170
idem .	163
triangle .	45
	874

BASE CD.

triangle .	192
idem . .	180
idem . .	255
trapeze .	340
idem . .	614..4′
idem . .	140
triangle .	60
	1781..4′

BASE BC.

triangle .	60
trapeze .	72
idem . .	324
triangle .	294
	750

BASE DE.

triangle .	36
trapeze .	110..6′
triangle .	17
	163..6′

BASE FG.

triangle	120
idem	52
	172

RÉCAPITULATION DES EMPRUNTS A AJOUTER.

BASE	AB	874
	BC	750
	CD	1781.4′
	DE	163.6
	FG	172
Total.	. . . . . .	3741

On tiendra un état ſemblable des parties à ſouſtraire, & qui dans cet exemple monte à 30 arpens, 40 perches, cinq dixiémes, leſquels étant ôtés des parties à ajouter ci-devant, ne laiſſent que 7 arpens & une demi-perche à ajouter à la ſuperficie du cannevas, pour avoir la ſuperficie totale qui eſt de 1190 arpens, 16 perches & 3″5 centiémes pour le bois propoſé.

La preuve de toutes ces petites multiplications ſe fait en les recommençant une ſeconde fois, qui doit ſe rapporter avec la première ; on évitera un troiſiéme calcul, ſi on tient un état conforme au modele ci-devant, dans lequel on pourra distinguer le triangle ou trapeze qui aura été mal calculé.

42. On ne doit défalquer aucune place vague sous quelque prétexte que ce soit; mais on peut en tenir un état séparé & particulier qui détaille leurs qualités & quantités.

Je pense n'avoir plus rien à ajouter à la nouvelle méthode de mesurer & calculer la superficie de telle figure irrégulière que ce soit; il reste à expliquer la manière de régler les bois pour remplir l'objet que je me suis proposé.

RÉFORMATION DES BOIS.

43. DE L'AGE DES BOIS.

C'Est essentiellement de l'âge des bois que dépend la bonne ou mauvaise administration; car il est rare qu'on change cet âge quand le réglement est une fois etabli.

L'âge le plus avantageux & le plus profitable est relatif, 1°. A l'essence & qualité du bois; 2°. A la nature bonne ou mauvaise du sol; 3°. Au débit le plus commode & le plus lucratif.

BOIS TAILLIS.

44. L'on doit combiner les motifs précédens, & quelquefois en préférer un seul, lorsque l'intérêt qu'il rapporte surpasse les pertes qu'il peut occasionner d'ailleurs; par exemple, si un débit en fagots ou bourées est assuré pour la suite comme pour le présent, un jeune âge est préférable, & c'est selon moi un motif déterminant pour couper les bois à l'âge de dix ans; il en est encore de même lorsque les bois sont affectés à des fourneaux de verreries, pour lesquels il n'en faut que du jeune & du petit.

Hormis ces deux cas, la régle la plus générale & la plus avantageuse est de porter l'âge des taillis à vingt-cinq ans, comme l'Ordonnance l'a réglé si sagement pour les mains-mortes. Il n'est point de bois, (au moins l'exception en est bien bornée,) qui ne paye largement l'intérêt de chaque année jusqu'à cet âge; le peu de branches qui périssent ne peut balancer le profit que font celles qui résistent, fussent-elles de la plus mauvaise espéce, c'est-à-dire de bois blanc; la hauteur d'un taillis éléve les réserves limitrophes, & les empêche de se couronner.

J'annonce cette régle comme avantageuse aux propriétaires, & comme intéressante pour le bien public, parce qu'à cet âge on peut fabriquer toutes ſortes de marchandiſes, grand bois, bois court, bois calin, bois de charbon, fagots, bourées, &c. Les plus beaux brins de cet âge ſont même propres à faire des chevrons; les baliveaux ſur taillis donnent une petite charpente, & les modernes ſont capables de fournir les poutres néceſſaires à un bâtiment.

45. Si cependant l'eſpéce de bois taillis étoit de bois dur, c'eſt-à-dire de hêtre, charme & chêne, & que le ſol en fut bon, ce ſeroit une perte réelle de ne point les porter à trente-ſix ans; car il eſt certain, ſuivant toute expérience, qu'il y a un tiers à gagner, ſur-tout pour les deux premieres eſpéces, qui ne ſont propres au grand bois & bois court qu'à cet âge. On doit toutefois en excepter les forêts affectées aux forges & fourneaux, dont les taillis ſont totalement réduits en charbon; ils ne peuvent paſſer l'âge de vingt-cinq à trente ans.

BOIS DE FUTAYE.

46. Le principe général eſt que l'on ne doit mettre une forêt ou partie de forêt en futaye de cent ans, que lorſque l'eſpéce de bois eſt en chêne, hêtre & charme, & que le fonds du terrein eſt en état de produire juſqu'à cet âge; car le bois blanc dépériroit : on ne doit pas craindre que les réſerves en hêtre péricliteent plutôt que celles de chê-

ne; car ce bois vit plus longtemps, & n'eſt au retour qu'à l'âge de trois cens ans : l'expérience prouve qu'un arpent de futaye de cent ans rapporte plus que quatre arpens de taillis de vingt-cinq ans ſitués dans le même canton ; on peut propoſer cet exemple à ceux qui préféreront le bien public, & celui de leurs petits neveux au leur.

---

47. DU QUART EN RÉSERVE, *& généralement de toute autre réſerve à faire dans les bois.*

L'Ordonnance des Eaux & Forêts oblige avec autant de raiſon que de prévoyance les Communautés de main-morte & habitans des paroiſſes à réſerver le quart de leurs bois pour être mis en futaye; c'eſt la premiere opération qu'un arpenteur doit faire, après avoir arpenté ces ſortes de bois, & reçu l'indication du canton par les officiers des Eaux & Forêts ; il établira en conſéquence une laye de ſéparation ſuivant la méthode qui ſera expliquée dans le problême ſuivant pour une laye ſommiere. Les Seigneurs & propriétaires particuliers n'étant point obligés à la reſerve du quart de leurs bois, ſont libres d'en établir une de la maniere & de la quantité qui leur seront les plus avantageuſes.

SISTÊME NOUVEAU DE RÉSERVES.

48. Le ſiſtême nouveau conſiſte à établir une réſerve dans tout le contour d'une forêt, pour équivaloir aux baliveaux modernes & anciens que l'on conſerve dans les coupes, & ſe donner la liberté par ce moyen de faire les ventes dans l'intérieur, & les exploiter à blanc étoc; ce ſyſtême eſt fondé ſur ce que les réſerves ſur taillis parviennent rarement à devenir de belles piéces de charpente, & qu'elles ſe couronnent preſque toujours dès que l'on a donné air au corps de l'arbre par l'exploitation; il eſt certain que les tailles deviendroient plus belles, & ſeroient moins ſujettes aux gelées: la réſerve en futaye par cantons eſt préférable à celle qui eſt iſolée & répandue çà & là; elle s'éléve beaucoup plus, & devient plus propre pour la charpente; mais je ne ſerois pas d'avis de l'emplacer dans le contour d'une forêt, qui n'offre ordinairement que les parties les plus dégarnies; d'ailleurs il en réſulteroit un inconvénient inſéparable des futayes raſſemblées; cet inconvénient gît dans la difficulté du repeuplement pour lequel il faut pluſieurs années, à cauſe de la ſtérilité des vieilles ſouches.

49. Il me ſemble que l'on ne pourroit mieux faire que de réſerver des cordons d'une perche de

largeur à chaque côté des layes de séparation des ventes, & même plus à proportion de leurs longueurs qui doivent être comparées avec la quantité que l'on se proposeroit à réserver ; par ce moyen l'on pourroit faire coupe blanche dans l'intérieur de chaque vente enveloppée de sa réserve, qui partageroit le bon avec le médiocre, & dont le repeuplement se feroit d'autant plus facilement que la largeur étant petite, les racines limitrophes reproduiroient d'une année à l'autre suffisamment pour regarnir.

Quoiqu'il en soit de ces différens systêmes, le propriétaire ne peut faire coupe blanche en réformant les baliveaux prescrits par l'Ordonnance, sans une permission expresse du Conseil ; c'est à lui à se pourvoir sur le meilleur parti, de même que sur les formalités requises, avant que l'arpenteur procède à la division générale des forêts.

---

50. De la division des bois en général.

QUand une forêt est affectée à plusieurs forges ou fourneaux, on la partage en plusieurs parties, de façon qu'il y ait pour chacune une coupe annuelle; cette portion de forêt se nomme triage, parce qu'elle doit contenir une révolution entière de l'âge auquel on a fixé les taillis : elle doit être, autant qu'il est possible, aux environs de la forge qui doit les consommer : de même quand une forêt & le prix des bois sont considérables, elle se divise en plusieurs triages pour rendre les ventes annuelles moins fortes, & plus à la portée d'un grand nombre de marchands ; elles ne devroient point excéder cinquante arpens, car lorsqu'il n'y a point de place vague, une plus grande quantité ne peut se baliver, acheter, exploiter, garder & récoler avec toute la facilité & l'exactitude nécessaires & relatives à ces différentes opérations ; il convient d'en avoir de diverses grandeurs ; les plus petites doivent contenir au moins vingt-cinq arpens.

PROBLÊME VIII.

51. *Tracer la division des coupes pour un triage sur le papier.*

Fig. 9. Pl. 5. SOit le plan du bois ABCDEF qui a servi de modéle dans l'arpentage, (40.) divisez le total de sa superficie par le nombre des ventes que l'on veut y établir, & que je suppose être vingt-cinq ; il viendra 47 arpens 60 perches pour chacune ; ces ventes doivent être de figure régulière

&

& approchante du quarré autant que faire se peut; c'est pourquoi quand un bois est aussi long que large, il faut le séparer en deux parties par une laye sommiere, qui les rende moins longues.

LAYE SOMMIERE.

52. Préparez un plan nouveau sous une échelle assez grande pour donner les dixiémes de perches; si le plan est trop grand, prenez-en une portion telle que A B C D *a*; cherchez ensuite combien cette portion contient d'arpens, en faisant le relevé des quantités particulieres des triangles & trapezes qui la composent, (38 & 41.) qui se montent pour cet exemple à 468 arpens 42 perches & $\frac{98}{100}$'' divisez cette quantité par celle que chaque vente doit avoir; il en viendra neuf avec un reste de 40 arpens 2 perches, de sorte que pour rendre cette partie A B C D *a* capable de contenir 10 ventes sans reste, il suffira d'y joindre 7 arpens 58 perches.

Si on veut que la sommiere aboutisse au point A, il faut chercher le point *x*, c'est-à-dire le petit côté *a x* du triangle rectangle A *a x*, qui doit être de 7 arpens 58 en superficie: on trouvera cette distance A *x* en divisant cette superficie par la moitié de la perpendiculaire A *x*, & on tracera la fommiere A x qui divifera le plan total en deux parties, dont la premiere A B C D x contiendra dix ventes, & l'autre quinze.

Fig. 9. pl. 5. 53. Avant que de procéder à la divifion des ventes, il eft bon de tracer cette fommiere fur le terrein, afin de vérifier la différence qui fe trouve ordinairement dans l'exécution; pour cet effet on cherchera les angles que cette fommiere fait avec les bafes A B & E D, en difant à caufe du triangle rectangle A a x:

Le côté A a
eft au côté a x
comme le finus total
eft à la tangente de l'angle a A x,

dont le complément eft égal à l'angle A x a qu'elle doit faire avec la bafe D E: on connoîtra l'autre angle B A x, en ajoutant à l'angle B A n l'angle droit n A a, & l'angle calculé a A x; redreffez la bafe AB, & faites cet angle B A x de l'ouverture ci-deffus; menez la tranche A x; mefurez enfuite fa longueur & la partie D x qui doit être égale à D a, plus A x; fi ces diftances fe rapportent, l'opération fera bonne; mais fi le triangle a A x eft plus grand ou plus petit qu'il ne doit être, ajoutez ou diminuez cet excédent de la fuperficie totale A B C D x, & divifez de nouveau le réfultat par les dix coupes qu'il doit contenir, afin de les rendre égales entr'elles autant qu'il est possible.

54. Cette méthode de tracer une sommiere peut s'appliquer à tout autre exemple, & servir pour la séparation d'un triage, comme pour celle de portion de triages ou de quart en reserve; elle est d'autant meilleure, qu'elle n'exige de nouveaux calculs que pour les petites additions ou diminutions qu'il faut faire pour compléter les différens cantons; il ne faut jamais coupler dans la tranche A *x* pour mieux assurer son allignement dont l'erreur influeroit sur toutes les autres layes; on la fera ouvrir ensuite & essoucheter de la largeur de six pieds.

Layes de séparation des ventes.

55. Après avoir assuré la quantité que chaque vente doit avoir dans les deux cantons séparés par la sommiere, il sera facile de les tracer sur le papier; prenez avec le compas sur l'échelle une distance Z S qui doit être à-peu-près vers le milieu de la vente par laquelle on veut commencer; divisez la quantité qu'elle doit avoir par cette distance, le quotient donnera la largeur *x &*; & toutes les suivantes sur la sommiere; au point *&* élevez la perpendiculaire *& e*, & du point D abaissez sa paraléle D *u*, Fig. 10. pl. 6.

la perpendiculaire D *t*, & la droite D *e*; calculez ensuite avec le compas & l'échelle les superficies des différens rectangles, triangles & trapezes que cette partie renferme ; si leur somme surpasse ou est moindre que la quantité requise, divisez le petit excédent par la longueur *& e*, le quotient donnera la distance qu'il faudra ajouter ou diminuer sur la partie *& x* de la sommiere, pour déterminer le point *&*.

Tracez de même toutes les autres coupes suivantes jusqu'à la dernière de ce canton vers B, qui doit se trouver égale aux autres si on a bien opéré ; on procédera de la même façon pour les coupes de l'autre canton A G F E *x*.

La pratique que la Géodésie enseigne pour la division des figures est impossible pour le cas dont il s'agit, je puis l'assurer ; l'on ne peut même être assujetti à la rigueur du calcul trigonométrique, à cause des petites parties que les sinuosités donnent ; je me contente du calcul au compas & à l'échelle : 1°. Parce qu'il importe très-peu que les ventes soient égales à un demi arpent près sur cinquante ; 2°. Parce qu'elles doivent être réarpentées aussitôt après la division, & que c'est ce dernier calcul qui doit faire foi & être la régle invariable de leurs quantités ; l'essentiel est que toutes les layes soient paralléles & perpendiculaires à la sommiere, tant pour en faciliter le réarpentage, que pour rendre leur figure plus régulière.

PROBLÊME IX.

56. Tracer sur le terrein toutes les layes de séparation des ventes.

IL faut commencer à un bout de la sommiere tel que *x*, mesurer allant vers A les largeurs de toutes les ventes de la partie A B C D *x*, & désigner chaque laye par un gros piquet court. Du point A retournant vers *x*, on marquera de même en détail sur la sommiere les layes de séparation pour les ventes du canton A G E F *x*, que l'on distinguera avec de petits piquets; cette seconde mesure doit se rapporter avec la premiere parfaitement: à chaque division élevez avec l'équerre perpendiculairement les layes de séparation dans lesquelles vous ferez tout abattre, comme dans la sommiere. Fig. 10. pl. 6.

Pour tracer celles qui n'aboutissent pas sur la sommiere, prenez l'angle qu'elles font avec les bases A B & A G que vous trouverez pour A B, en ôtant 90° de l'angle B A x, & pour A G en ôtant de même 90° de G A x; mesurez sur ces bases les largeurs obliques des ventes, & à chaque division posez le graphometre pour diriger les layes suivant l'angle d'ouverture trouvé; on peut abréger cette opération avec la boussole, en orientant les premieres layes, & menant des paralléles par chaque division sur les bases A B & A G. (1. part. 45.)

DU RÉARPENTAGE.

57. IL faut remesurer toutes ces layes très-exactement avec les distances qui se trouvent sur les bases entre leurs extrêmités comme C n & C o, & distinguer sur leurs longueurs toutes les rives des anciens taillis, tels qu'ils ont été coupés, & dont on doit fournir les anciens plans.

Il sera facile de construire un nouveau plan brouillon suivant toutes ces nouvelles dimensions, & les directions paralléles des layes de séparation; l'on doit y désigner la figure à peu-près des anciens taillis répandus sur chaque vente, & leur âge; on calculera deux fois la quantité de chacune, & celle des portions différentes de taillis enclavés, dont on tiendra un état conforme au modéle suivant.

BOIS D'AUBY, coupé ci-devant à 13 ans.

ETAT détaillé des vingt-cinq coupes pour leur premiere révolution commencé en 1760, contenant leurs quantités, & celle des taillis différens qui les composent suivant le réarpentage, avec l'âge futur de chacun lors des exploitations. Fig. 11. pl. 7.

SAVOIR :

Années de l'exploitation.	Numéros des ventes.	Quantité d'arpens.	Taillis anciens enclavés.	Age futur des taillis.
1760 . .	1e. .	47.60	3400 . .	12 ans.
			1360 . .	13.
1761 . .	2 . .	47.60	3000 . .	13.
			1760 . .	14.
1762 . .	3 . .	47.60	2300 . .	14.
			2000 . .	15.
			460 . .	13.
1763 . .	4 . .	47.60	1200 . .	15.
			2500 . .	16.
			1060 . .	14.
1764 . .	5 . .	47.60	2400 . .	15.
			2000 . .	17.
			200 . .	5.
			160 . .	16.
1765 . .	6 . .	47.60	2800 . .	16.
			1600 . .	18.
			360 . .	6.

Années de l'exploitation.	Numéros des ventes	Quantité d'arpens.	Taillis anciens enclavés.	Age futur des taillis.
1766	7^e	47.60	2000	19 ans.
			1600	17.
			600	16.
			260	7.
			300	12.
1767	8	47.60	2000	17.
			1500	13.
			1000	20.
			260	18.
1768	9	47.60	2400	14.
			2200	18.
			160	21.
1769	10	47.60	2400	19.
			2100	15.
			260	18.
1770	11	47.60	1800	20.
			1700	18.
			1260	19.
1771	12	47.60	2500	20.
			1100	17.
			500	21.
			660	18.
1772	13	47.60	2400	21.
			2000	19.
			200	20.
			160	18.
1773	14	47.60	2900	21.
			1500	20.
			360	22.

Années de l'exploitation.	Numéros des ventes.	Quantité d'arpens.	Taillis anciens enclavés.	Age futur des taillis.
1774	15^e	47.66	4500	22 ans.
			266	21.
1775	16	47.61	4000	20.
			761	18.
1776	17	47.61	3000	21.
			1761	19.
1777	18	47.61	1600	21.
			1800	20.
			1361	22.
1778	19	47.61	4761	22.
1779	20	47.61	2400	21.
			2000	23.
			361	25.
1780	21	47.61	4000	22.
			761	26.
1781	22	47.61	3800	23.
			700	27.
			261	22.
1782	23	47.61	800	24.
			3961	23.
1783	24	47.61	4361	24.
			400	23.
1784	25	47.61	3761	25.
			1000	24.
Total des ventes		1190.16.		

58. Il eſt important de bien emplacer les numéros des ventes, afin d'établir une ſucceſſion d'âge convenable pour les exploitations futures; dans ce modéle la premiere vente eſt ſur le plus ancien taillis actuel qui eſt de 12 à 13 ans; les autres augmentent d'âge dans la proportion des années, de façon que le plus ancien taillis futur n'aura pas au-delà de 27 ans, & le plus jeune au-deſſous de 12 ans, à l'exception toutefois de trois petits cantons répandus dans les 5, 6 & 7ᵉ coupes, qui n'auront au plus que 7 ans, & qui doivent être réſervés lors de l'exploitation, de même que tout autre au-deſſous de dix ans s'il y en avoit eu.

S'il ſe trouvoit du bois de douze ans dans les 23 ou 24ᵉ coupes, l'âge futur ſeroit de 35 à 36, & par conſéquent trop vieux pour un bois que l'on eſtime dans ſa valeur à vingt-cinq ans; c'eſt pourquoi en ce cas on commence par le faire exploiter extraordinairement avant les premieres ventes; par ce moyen il ſe trouve réduit à l'âge ordinaire de 23 à 24 ans, dans lequel il eſt le plus profitable.

59. On doit négliger les fractions qui peuvent ſe trouver dans les totaux de chaque vente après le réarpentage, car il eſt impoſſible au plus habile

homme d'apprécier une quantité de trente à quarante arpens de bois à une perche près ; j'ai toujours regardé comme une jactance insupportable l'exactitude outrée de ces petites parties, qui ne servent qu'à embarrasser les acheteurs & vendeurs dans le calcul de leurs sommes.

ESTIMATION DES FEUILLES EN PERTE OU EN GAIN.

60. IL sera fort aisé d'après un état pareil au modéle qui vient d'être présenté, de trouver la perte de feuilles pour les âges au-dessous de vingt-cinq ans, ou le gain pour les âges au-dessus.

EXEMPLE.

Dans la premiere vente il y a 34 arpens de 12 ans & 13 arpens 60 perches de 13 ; multipliez les 34 arpens par les 13 ans qu'il faudroit encore pour qu'ils fussent à 25, & vous trouverez 442 feuilles de pertes ; multipliez de même les 13 arpens par le nombre d'années qui sont au-dessous de 25, & vous aurez 163 feuilles, qui avec les 442 ci-devant font 605 feuilles en perte ; divisez le nombre 605 par 25, il viendra 24 arpens & un cinquiéme de diminution sur la valeur dont la coupe seroit si elle étoit portée à l'âge de 25 ans.

Cette valeur de feuilles ſoit en perte ſoit en gain n'eſt point intrinſéque, mais ſeulement relative à l'égalité d'âge; ſi les bois augmentoient en proportion cubique ou autre proportion connue, on pourroit évaluer leur juſte valeur; mais il s'en manque beaucoup qu'ils aient une régle commune: car outre l'eſſence du bois & la nature du ſol, ils dépendent encore des ſaiſons; on ſe contente d'eſtimer ordinairement les feuilles au-deſſus de 10 ans juſqu'à 20, un cinquiéme en valeur de plus que celles qui ſont au-deſſous, & celles qui ſont au-deſſus de 20 ans, un quart plus que les moins âgées.

Manière de dessiner les plans des bois.

Fig. 11. Pl. 7. 61. Rien ne doit être plus ſimple que le plan d'un bois; il ſuffit qu'il ſoit tracé par une ligne noire, & le fond lavé en verd de veſſie; les layes ſe repréſentent par une ſeule ligne, & les numéros doivent être enclavés dans le milieu des ventes qu'ils déſignent; les chemins, ravins, ruiſſeaux ſe deſſinent comme il a été dit pour le brouillon; (27.) tous les hors-d'œuvres doivent reſter en blanc, & leur ſéparation marquée par un ſimple linéament noir tel que la ligne *m n*, qui peut déſigner celle de deux bois.

62. Ce plan doit être orienté (1. part. 43.) & la bouſſole repréſentée par une étoile ſimple, à laquelle il ſuffit de mettre une fleur de lis pour diſtinguer la partie ſeptentrionale de la méridienne qui doit déterminer les trois autres. Fig. 12. pl. 7.

63. Il faut accompagner le plan de l'échelle qui a ſervi à le conſtruire ſuivant la figure & l'emplacement repréſentés; je ſouhaiterois qu'on eût l'attention d'en exprimer le rapport avec le pied de Roi, par exemple, d'écrire comme au-deſſus de cette échelle : *échelle de ſix pouces de Roi pour cinq cens perches.* Fig. 13. pl. 7.

64. Chaque plan doit être encadré d'un cordon noir d'une ligne de largeur, & accompagné de deux traits noirs paralléles, dont l'un en dedans & l'autre en dehors; l'on doit y ménager la place d'un cartouche qui puiſſe contenir l'état & la quantité totale de chaque vente, avec le certificat d'affirmation au bas, ſigné de l'Arpenteur.

Je ſouhaite que dorénavant l'on ne deſſine aucune figure d'arbres dans les plans; ils ne ſervent qu'à mettre de la confuſion dans les ventes, & cacher leurs numéros.

DES MESURES.

ETAT des mesures les plus connues, tant pour les bois que pour les terres.

MESURE DES BOIS.

65. LA mesure la plus nécessaire & la plus répandue dans le Royaume est le pied de Roi; sa longueur est de douze pouces, le pouce de douze lignes; le pied quarré contient 144 pouces quarrés, ou bien 1728 lignes quarrées; il faut six de ces pieds pour la longueur de la toise Royale.

66. La seconde mesure pour les bois est la perche de Roi; sa longueur est de 22 pieds de Roi, ou de 264 pouces, ou bien encore de 3168 lignes; son quarré est de 484 pieds quarrés, ou de 10036224 lignes quarrées de Roi.

67. La troisiéme sorte de mesure est l'arpent de Roi, fixé par l'Ordonnance des Eaux & Forêts de 1669, à 100 perches quarrées de Roi, de façon que sa superficie étant quarrée, doit avoir dix perches de longueur pour chaque côté; il contient

48400 pieds quarrés de Roi, ou bien 1003622400 lignes quarrées de Roi.

Quoiqu'il ſoit ordonné de ſe ſervir uniquement de cette meſure pour les bois du Royaume, on tolére cependant encore que les propriétaires ou Seigneurs particuliers ſe ſervent des anciennes ; c'eſt pourquoi je vais en rapporter pluſieurs autres.

68. Dans la Bourgogne l'arpent eſt de 440 perches quarrées, la perche de neuf pieds & demi de Roi en longueur, & en quarré de 90 pieds quarrés & un quart.

69. A Orléans, dans le Comté de Danmartin, & dans le bailliage de Troyes en Champagne, l'arpent eſt de cent perches quarrées, la perche de 400 pieds quarrés, ou de 20 pieds de longueur.

70. Dans le Duché de Bar & le Clermontois, l'arpent eſt de cent perches quarrées, la longueur de la perche eſt de vingt pieds barois, celle de ce pied eſt de dix pouces ſix lignes, & 352 milliémes de lignes de Roi, ſuivant un étalon pris à la Chambre des Comptes de Bar-le Duc ; le quarré de la perche eſt de 400 pieds Barois, & celui du pied eſt de 15964 lignes quarrées de Roi plus 827904 millionémes de lignes de Roi.

71. En Anjou, Poitou, Touraine & le Maine, l'arpent eſt de cent perches quarrées, la perche de 625 pieds quarrés de Roi, & en longueur de 25 pieds.

72. A Clermont en Beauvaiſis l'arpent eſt de cent perches quarrées, la perche de 676 pieds quarrés de Roi, & de 26 pieds en longueur.

73. Dans le Duché de Normandie, pays du Perche, pays Chartrain & en Berri, l'arpent & la perche ſont comme la meſure de Roi. (67.)

74. Dans le Béarn l'arpent eſt de cent quarante-quatre eſcats, l'eſcat de ſix compas, le compas de ſept pans, le pan de huit pouces, & il faut onze pouces & un quart de ces huit pouces pour faire le pied de Roi.

75. Dans la partie Françoiſe de la province de Luxembourg, la meſure pour les bois eſt un arpent de cent perches quarrées, la longueur de la perche eſt de vingt-quatre pieds de S. Lambert; ce pied eſt de onze pouces particuliers; il eſt à celui de Roi comme 906 à 1000, ſuivant un étalon pris à la Chambre des Comptes à Bruxelles; cet arpent ſe nomme l'arpent d'Eſpagne.

Il

Il est un abus assez commun en ce pays, qui est de prendre les onze pouces du pied de S. Lambert pour des pouces de Roi, & de composer la perche de vingt-deux pieds Royaux, comme celle de France; l'erreur sur la longueur de cette chaîne est de 36 lignes 864 milliémes de plus.

76. Quand même on ne se serviroit plus de ces anciennes mesures particulières, il faudroit toujours les connoître, à cause des vieux titres qui les rapportent, pour les apprécier à celle qui est prescrite par l'Ordonnance.

Mesures des terres, les plus connues.

77. Dans la Prévôté & Vicomté de Paris, la mesure est de cent perches quarrées pour l'arpent, la perche est de dix-huit pieds de Roi en longueur.

78. Dans le Duché de Bourgogne les terres se mesurent par Journal qui est de 360 perches quarrées, de neuf pieds & demi de Roi en longueur.

79. Dans le Bailliage de Troyes en Champagne, le journal est de 75 perches quarrées, de vingt pieds de Roi en longueur.

80. Dans le pays Meſſin, la meſure pour les terres eſt un journal compoſé de quatre cent verges quarrées, de neuf pieds deux pouces de Roi de longueur.

81. Dans le Duché de Bar & le Clermontois, le journal eſt de quatre-vingt verges quarrées, la verge eſt de vingt-un pieds vergerons, & le pied vergeron eſt de dix pouces dix lignes de Roi.

82. Dans le Duché de Bretagne, le journal eſt de quatre-vingt chaînes de vingt-quatre pieds de Roi de longueur pour chacune.

83. En Normandie on meſure les terres par acre, qui eſt de 160 verges quarrées, de vingt-deux pieds de Roi pour chacune.

84. En Languedoc on meſure les terres par ſommée, qui eſt de quatre ſeſterées; la ſeſterée eſt de 400 cannes quarrées; la canne eſt de huit pans; le pan de huit pouces particuliers. (74.)

85. Dans le Dauphiné on arpente par ſeſterée qui contient 900 cannes quarrées, la canne de huit pans comme ci-deſſus; on diviſe la ſeſterée en quatre parties que l'on appelle cartelées, la cartelée en quatre civadiers, & le civadier en quatre picotins.

86. Dans le pays Chartrain on mesure les terres au septier, qui est de quatre-vingt perches quarrées de Roi; le septier se divise en deux mines chacune de 40 perches quarrées, la mine en deux minots, dont les cinq font l'arpent de Roi.

87. Dans la Lorraine on mesure les terres par journal, qui contient deux cens cinquante toises quarrées.

88. En Anjou on mesure les terres par septerée & par boisselée, qui augmente ou diminue à proportion du septier & du bichet.

89. En la principauté de Dombes on mesure les terres par bicherée, dont la moitié se nomme coupe, & est proportionnelle à la grandeur du bichet.

90. Dans beaucoup d'autres pays les terres se mesurent d'une infinité de manieres relatives aux mesures de bled qui différent presque par-tout; il faudroit un volume pour les rapporter toutes; je me contenterai de donner ici la pesanteur des mesures de bled de Paris, après en avoir donné les poids.

POIDS DE PARIS.

Le quintal eſt de cent livres.
La livre eſt de deux marcs.
Le marc eſt de huit onces.
L'once eſt de huit gros.
Le gros de trois deniers ou karats.
Le denier de deux mailles ou oboles.
La maille de douze grains.
Le grain de vingt-quatre primes ou carobes.
La prime de vingt-quatre minutes.
La minute de vingt-quatre pueilles.

91. POIDS DES MESURES DE PARIS.

Le muid de bled eſt de douze ſeptiers, & péſe . . . . . . 2880 liv.

Le ſeptier eſt de deux mines, & péſe 240

La mine eſt de deux minots, & péſe 120

Le minot de trois boiſſeaux, & péſe 60

Le boiſſeau de ſeize litrons, & péſe 20

Le litron contient 40 $\frac{2}{5}$ pouces cubes, & péſe . . . . 1 4 onces.

92. POIDS DES MÉTAUX.

	liv.	onces.
Un pied cube d'or pése, . . .	1326	4
Celui de mercure ou vif-argent,	946	10
Celui de plomb	802	2
Celui d'argent	720	12
Celui de cuivre	627	12
Celui de fer	558	0
Celui d'étain	516	2
Celui de marbre blanc . .	288	12
Celui de pierre de taille . .	139	8
Celui d'ardoise	156	0
Celui de brique	130	0
Celui de terre	95	5
Celui de plâtre	86	0
Celui d'eau de riviere. . .	69	12
Celui de vin	72	0
Celui de bois de chêne verd.	60	0
Celui de chêne sec	58	4
Celui de bois de noyer . .	41	12

RÉDUCTION GÉNÉRALE DES MESURES.

PROBLÊME X.

93. *Connoiſſant combien une ſuperficie quelconque contient d'une meſure, trouver combien cette même ſuperficie contient d'une autre meſure.*

1°. CHerchez une partie aliquote de même eſpéce, & commune aux deux différentes meſures.

2°. Faites les quarrés des deux nombres qui expriment combien chaque meſure contient de ces parties aliquotes.

3°. L'analogie ſuivante.

Le nombre quarré de la meſure inconnue
Eſt au nombre quarré de la meſure connue
Comme la meſure connue de toute la ſuperficie
Eſt à la meſure requiſe pour cette ſuperficie.

La démonſtration eſt évidente ; car la ſuperficie totale eſt un dividende commun ; les deux nombres quarrés en aliquotes communes de chaque meſure ſont les deux diviſeurs de même eſpéce, & les deux nombres qui expriment combien chaque meſure eſt contenue dans la ſuperficie, ſont les deux quotiens par conséquent réciproques au diviseur ; cela est appuyé sur la 14e du 6e livre d'Euclide. Je vais appliquer ce Problême aux questions les plus difficiles.

EXEMPLE Ier.

94. En Champagne le petit arpent dont les Seigneurs & particuliers se servent pour les bois, contient comme celui de Roi cent perches quarrées, la perche de vingt pieds de Roi ; (69.) on demande combien une superficie de cent mille arpens, ou, ce qui est la même chose, combien 10000000 perches quarrées de Roi font de cette petite mesure de Champagne.

1°. L'aliquote commune aux deux mesures est le pied de Roi. 2°. La perche de Roi en contient 484, & celle de Champagne 400.

Les 400 perches de Champagne 2e diviseur
sont à 484 perches de Roi 1er diviseur
Comme les 10000000 perches quarrées de Roi 1er quotient
sont à 12100000 perches quarrées de Champagne 2e quotient.

Il est évident que les 100 perches quarrées de Roi en font 121 de Champagne ; quand les arpens contiennent la même quantité de perches, ils sont entr'eux comme les perches; ainsi les cent arpens de Roi en feront 121 de Champagne.

95. Si on vend l'arpent de Champagne 50 liv. celui de Roi vaudroit 60 liv. 10 sols; si au contraire on vendoit celui de Roi 50 liv. celui de Champagne ne vaudroit plus que 41 liv. 6 s. 5 d.

EXEMPLE II.

96. Dans tout le Barrois & le Clermontois l'arpent pour les bois contient cent perches quarrées comme celui de Roi; mais cette perche n'a que 20 pieds barrois, & ce pied n'est que de dix pouces six lignes & 352 milliémes de Roi; on demande combien une superficie de 100000 perches quarrées de Roi en font de celles du Barois.

1°. L'aliquote commune est un milliéme de ligne de Roi.

2°. Le quarré de la perche du Barois en contient 6392563 & 835804 millionémes; celui de la perche de Roi est de 10036224.

ANALOGIE.

ANALOGIE.

Comme	6392563.	8′3′5′8′0′4′	perch. qu. du Barois.
est à .	10036224	. . . .	perches quar. de Roi.
Ainsi les	100000	. . . .	perches quar. de Roi.
sont à . .	156998.	4′1′3′4′	perch. qu. du Barois.

L'on voit par-là que les cent perches quarrées de Roi en font 156 & 998 milliémes du Barois, on peut dire sans erreur sensible 157.

97. Si on vend l'arpent Barois 50 liv. celui de Roi vaudra près de 78 liv. 10 s. si au contraire on vend celui de Roi 50 liv. celui du Barois ne vaudra que près de 31 liv. 17 s.

EXEMPLE III.

98. Dans la Bourgogne l'arpent contient 440 perches quarrées de neuf pieds & demi de Roi chacune; on demande combien une superficie de dix mille arpens de Roi contient d'arpens à la mesure de Bourgogne.

L'aliquote commune aux deux mesures est le pouce de Roi.

Le quarré de la perche de Bourgogne est de 12996.

Celui de celle de Roi est de 69696.

Si les arpens de Bourgogne contenoient cent perches comme ceux de Roi, il ne faudroit plus que l'analogie ordinaire; mais parce qu'ils en contiennent un nombre différent qui eſt de 440, il faut multiplier le quarré de cette perche par ce nombre, & celui de la perche de Roi par 100, afin de ſubſtituer la valeur des arpens à celle des perches quarrées qui ne ſont point dans la même proportion.

ANALOGIE.

Comme le quarré de l'arpent de Bourgogne exprimé en pouces 5718240 pouces :

Eſt au quarré de l'arpent de Roi auſſi en pouces de 6969600

Ainſi les 10000 arpens de Roi
ſont à ceux de Bourgogne 12188 . 3'6'5'6'5'.

Il eſt clair que l'arpent Royal fait un arpent de Bourgogne & 2'1'8'8' dix milliémes qui valent 96 perches & 27 centiémes meſure de Bourgogne.

99. Si on vend l'arpent de Bourgogne 50 liv. celui de Roi vaudra près de 60 liv. 18 ſ. 9 d.

EXEMPLE IV.

100. Dans le pays Meſſin le journal contient 400 verges quarrées de neuf pieds deux pouces

de Roi chacune ; on demande combien vingt-cinq arpens de Roi font de journaux.

L'aliquote commune aux deux mesures est le pouce quarré de Roi.

Le journal en contient 4840000
L'arpent de Roi . . 6969600

ANALOGIE.

Le journal de Metz . . . 4840000
Est à l'arpent de Roi . . 6969600
Comme les 25 arpens de Roi
Sont à 36 journaux du pays Messin sans reste.

101. Si le journal coute 25 liv. l'arpent en vaut 36 liv. & au contraire l'arpent étant à 25 liv. le journal ne vaudra que 17 liv. 7 s. 2 d. $\frac{2}{3}$.

EXEMPLE V.

102. Connoître combien un arpent de Roi contient de toises quarrées.

L'arpent de Roi contient 48400 pieds quarrés, & la toise 36 ; en divisant l'un par l'autre, le quotient donnera la quantité requise qui est de 1344 toises & 16 pieds quarrés qui valent $\frac{1}{3}$ & $\frac{1}{9}$ de toises.

103. Un Arpenteur n'aura pas besoin dorénavant de conformer sa chaîne à chaque mesure différente ; il pourra par une seule régle de trois connoître combien les arpens de Roi en font de toute autre mesure ; il suffit de sçavoir seulement son rapport à celle de Roi ; fût-elle d'un milliéme de ligne (96.) il est à désirer que l'on ait une connoissance parfaite des parties décimales qui facilitent ces sortes de calculs plus que l'on ne pense

FIN.

TABLE DES MATIERES.

PREMIÉRE PARTIE.

USAGE DES INSTRUMENTS.

USAGE DES JALLONS.

USAGE DE LA CHAISNE.

USAGE DE L'ÉQUERRE.

USAGE DE LA BOUSSOLE.

USAGE DU GRAPHOMETRE.

DEUXIÉME PARTIE.

DES LIMITES.

Vérification

ARPENTAGE.

RÉFORMATION DES BOIS.

DES MESURES LES PLUS CONNUES DU ROYAUME.

RÉDUCTION GÉNÉRALE DES MESURES.

Fin de la Table des Matieres.

APPROBATION.

J'Ai lu par ordre de Monſeigneur le Chancelier un Manuſcrit intitulé : *L'Arpenteur Foreſtier :* l'Auteur auſſi verſé dans la pratique que dans la théorie de cette partie de la Géométrie, paroît avoir amené & expliqué toutes les difficultés qui peuvent ſe rencontrer, & avoir réuni dans ſon Ouvrage toutes les connoiſſances néceſſaires pour former un bon Arpenteur, & je crois que l'impreſſion en ſera utile au Public. A Paris, ce 10 Juillet 1762.

Signé, DEPARCIEUX.

PRIVILÉGE DU ROI.

LOUIS, par la grace de Dieu, Roi de France & de Navarre : A nos amés & féaux Conseillers, les gens tenans nos Cours de Parlement, Maîtres des Requêtes ordinaires de notre Hôtel, Grand-Conseil, Prevôt de Paris, Baillifs, Sénéchaux, leurs Lieutenants Civils & autres nos Justiciers qu'il appartiendra; Salut. Notre amé le Sr Guyot, Garde Marteau en la Maîtrise des Eaux & Forêts de Rambouillet, Nous a fait exposer qu'il désireroit faire imprimer & donner au Public un Ouvrage de sa composition qui a pour titre l'ARPENTEUR FORESTIER ; s'il nous plaisoit lui accorder nos Lettres de Privilège pour ce nécessaires. A CES CAUSES, voulant favorablement traiter ledit sieur Exposant, Nous lui avons permis & permettons par ces Présentes de faire imprimer sondit Ouvrage, autant de fois que bon lui semblera, & de le faire vendre & débiter par tout notre Royaume, pendant le tems de dix années consécutives, à compter du jour de la date des Présentes. Faisons défenses à tous Imprimeurs, Libraires & autres personnes de quelque qualité & condition qu'elles soient, d'en introduire d'impression étrangere dans aucun lieu de notre obéissance ; comme aussi d'imprimer ou faire imprimer, vendre, faire vendre, débiter ni contrefaire ledit Ouvrage, ni d'en faire aucun Extrait sous quelque prétexte que ce puisse être, sans la permission expresse & par écrit dudit sieur Exposant, ou de ceux qui auront droit de lui, à peine de confiscation des Exemplaires contrefaits, de trois mille livres d'amende contre chacun des contrevenans, dont un tiers à Nous, un tiers à l'Hôtel-Dieu de Paris, & l'autre tiers audit sieur Exposant ou à celui qui aura droit de lui, & de tous dépens, dommages & intérêts; à la charge que ces Présentes seront enregistrées tout au long sur le Registre de la Communauté des Imprimeurs & Libraires de Paris, dans trois mois de la date d'icelles, que l'impression dudit Ouvrage sera faite dans notre Royaume & non ailleurs, en bon papier & beaux caractères, conformément à la feuille imprimée, attachée pour modèle sous le contre-scel des Présentes; que l'Impétrant se conformera en tout aux Réglemens de la Librairie, & notamment à celui du 10 Avril 1725; qu'avant de l'exposer en vente le Manuscrit qui aura servi de copie à l'impression dudit Ouvrage, sera remis dans le même état où l'Approbation y aura été donnée ès mains de notre très-cher & féal Chevalier Chancelier de France le Sieur DELAMOIGNON, & qu'il en sera ensuite remis deux Exemplaires dans notre Bibliothèque publique, un dans celle de notre Château du Louvre, un dans celle dudit Sr DELAMOIGNON, & un dans celle de notre très-cher & féal Chevalier Vice-Chancelier & Garde des Sceaux de France, le Sieur de MAUPEOU; le tout à peine de nullité des Présentes. Du contenu desquelles vous mandons & enjoignons de faire jouir ledit Sieur Exposant, & ses ayans causes pleinement & paisiblement, sans souffrir qu'il leur soit fait aucun trouble ou empêchement. Voulons que la copie des Présentes qui sera imprimée tout au long au commencement ou à la fin dudit Ouvrage, soit tenue pour duement signifiée, & qu'aux copies collationnées par l'un de nos amés & féaux Conseillers, Secrétaires, foi soit ajoutée comme à l'original. Commandons au premier notre Huissier ou Sergent sur ce requis, de faire pour l'exécution d'icelles tous actes requis & nécessaires, sans demander autre permission, & nonobstant clameur de Haro, Charte Normande & Lettres à ce contraires: car tel est notre plaisir. Donné à Paris, le quatorzième jour du mois de Décembre l'an de grace mil sept cent soixante-trois, & de notre Regne le quarante-neuviéme. Par le Roi en son Conseil.

LE BEGUE.

Registré sur le Registre XVI de la Chambre Royale & Syndicale des Libraires & Imprimeurs de Paris. N° 708, fol. 29, conformément au Réglement de 1723, qui fait défenses art. 41 à toutes personnes de quelque qualité & condition qu'elles soient, autres que les Libraires & Imprimeurs, de vendre, débiter, faire afficher aucuns Livres pour les vendre en leurs noms, soit qu'ils s'en disent les Auteurs ou autrement, & à la charge de fournir à la susdite Chambre neuf Exemplaires prescrits par l'art. 108 du même Réglement. A Paris, ce 16 Décembre 1763.

LECLERC, *Adjoint.*

De l'Imprimerie de MICHEL LAMBERT.

Planche premiere.

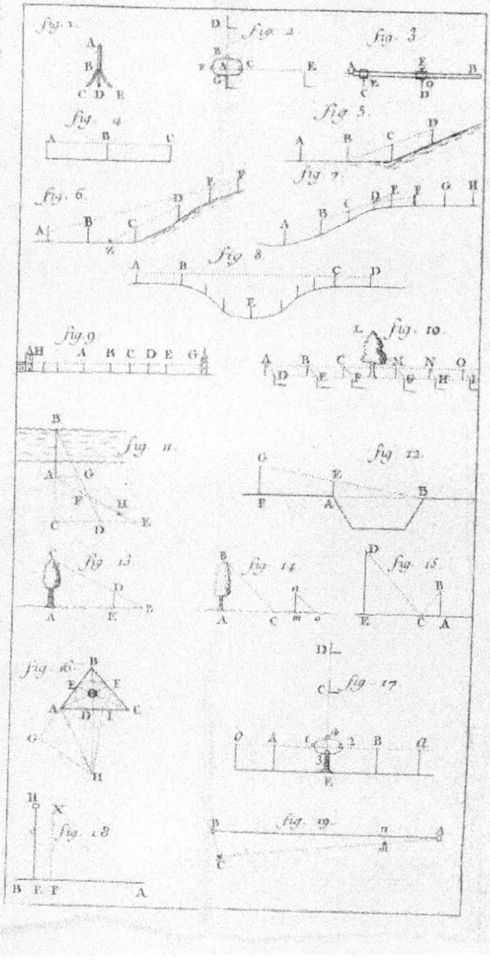

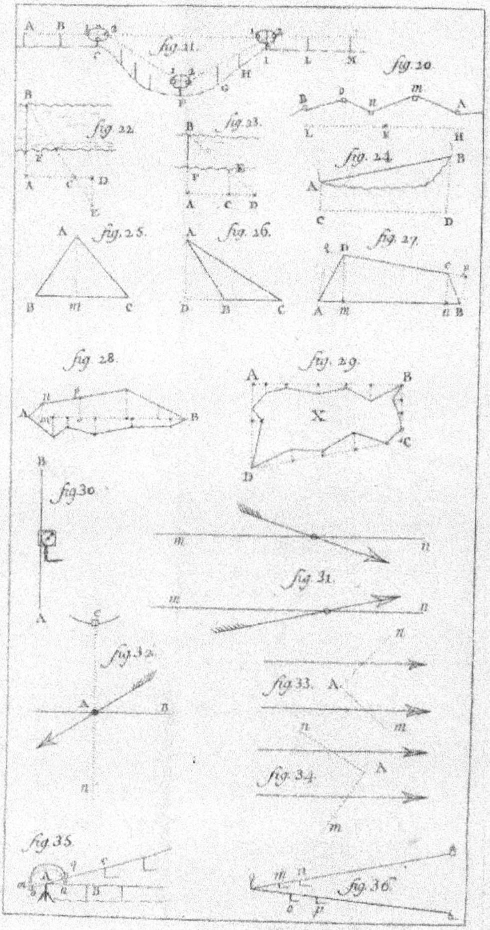

Planche 2.

fig. 21.

fig. 20.

fig. 22.

fig. 23.

fig. 24.

fig. 25.

fig. 26.

fig. 27.

fig. 28.

fig. 29.

fig. 30

fig. 31.

fig. 32.

fig. 33.

fig. 34.

fig. 35.

fig. 36.

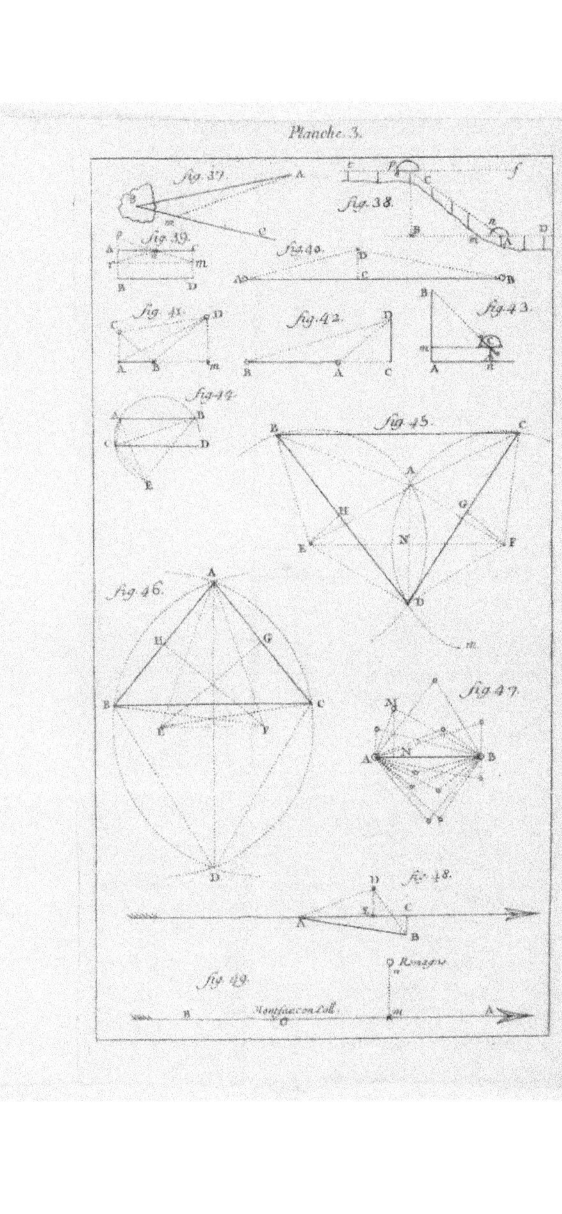
Planche. 3.
fig. 37.
fig. 38.
fig. 39.
fig. 40.
fig. 41.
fig. 42.
fig. 43.
fig. 44.
fig. 45.
fig. 46.
fig. 47.
fig. 48.
fig. 49.

Planche 4.

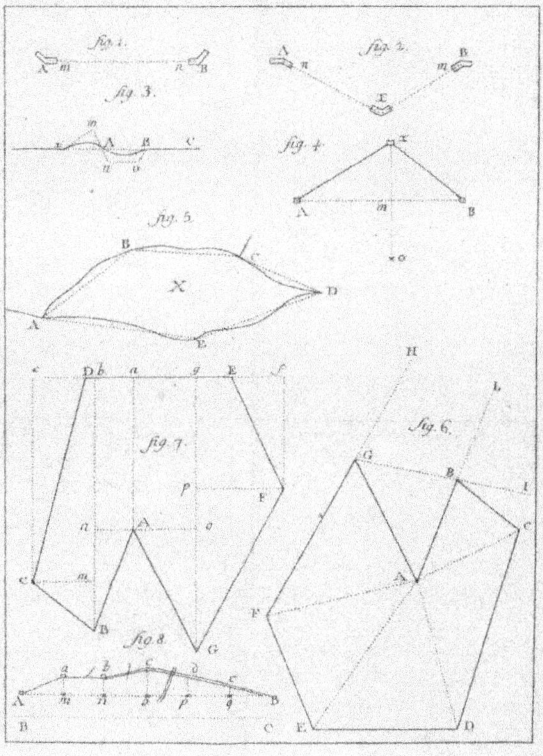

fig. 1.

fig. 2.

fig. 3.

fig. 4.

fig. 5.

fig. 6.

fig. 7.

fig. 8.

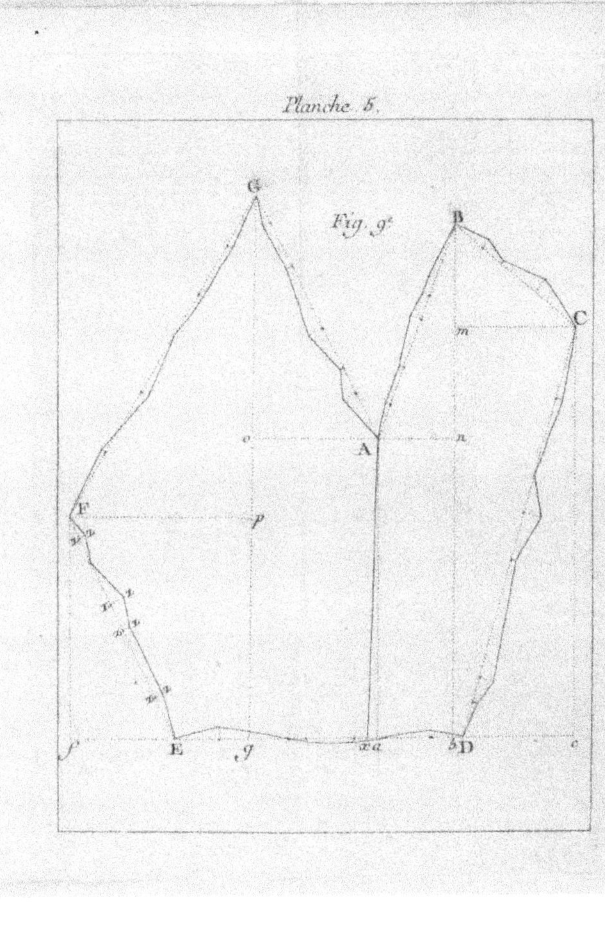
Planche 5.
Fig. 9e
G
B
C
m
o
A
n
F
p
E
g
x a
b
D
c
f

Planche 6e

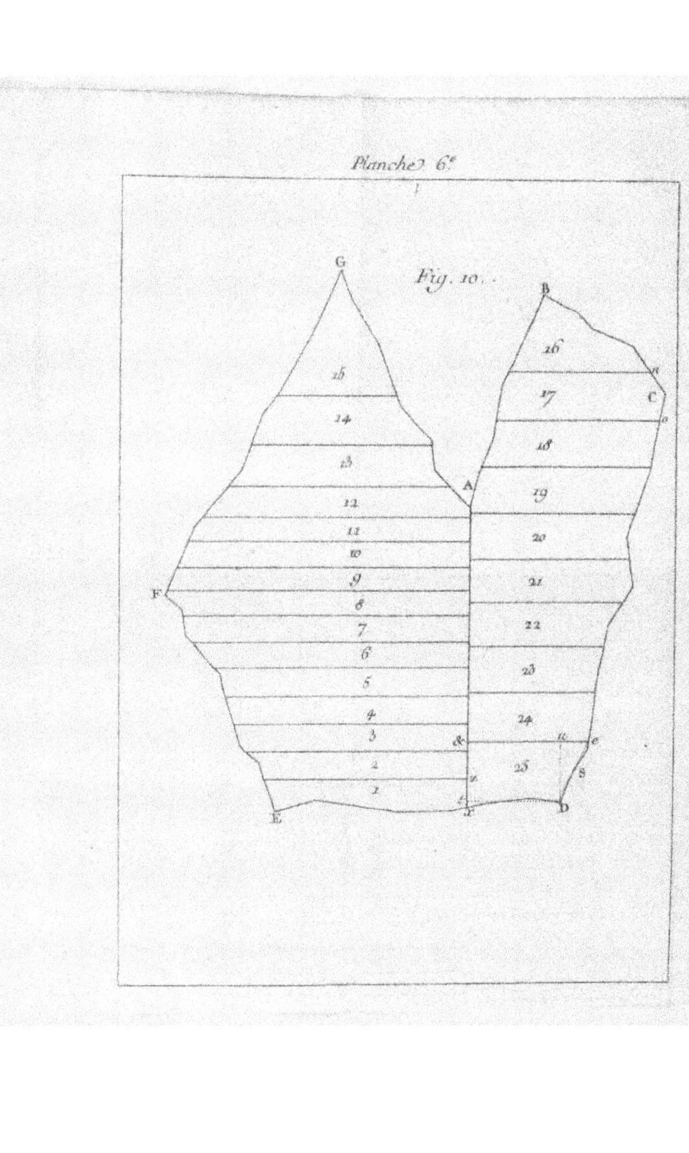

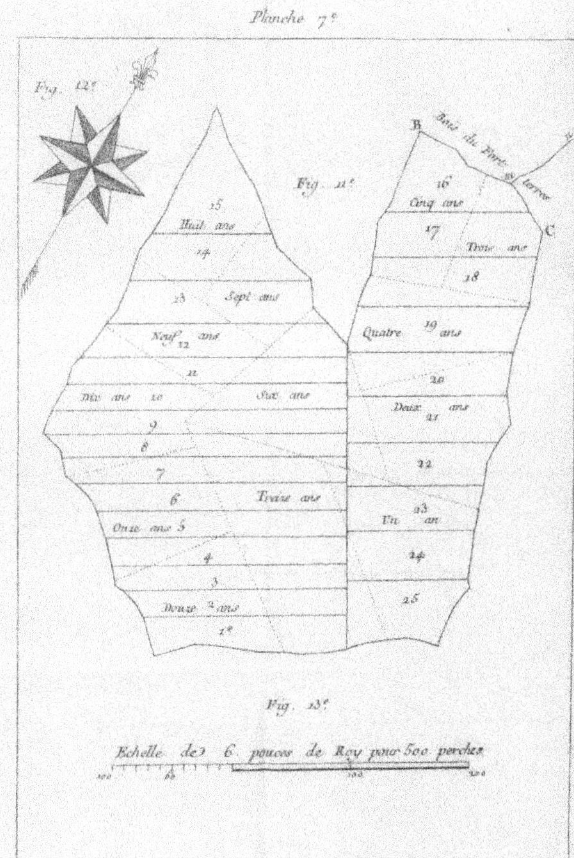

Planche 7e
Fig. 12e
Fig. 11e
B
C
Bois du Fort
terre
15
Huit ans
14
13
Sept ans
Neuf 12 ans
11
Dix ans 10
Six ans
9
8
7
6
Treize ans
Onze ans 5
4
3
Douze 2 ans
1e
16
Cinq ans
17
Trois ans
18
Quatre 19 ans
20
Deux 21 ans
22
Un 23 an
24
25
Fig. 13e
Echelle de 6 pouces de Roy pour 500 perches

www.ingramcontent.com/pod-product-compliance
Ingram Content Group UK Ltd.
Pitfield, Milton Keynes, MK11 3LW, UK
UKHW020551180726
13838UKWH00001B/181

9 782329 254043